ザ・ブルーハーツ

ドブネズミの伝説　陣野俊史

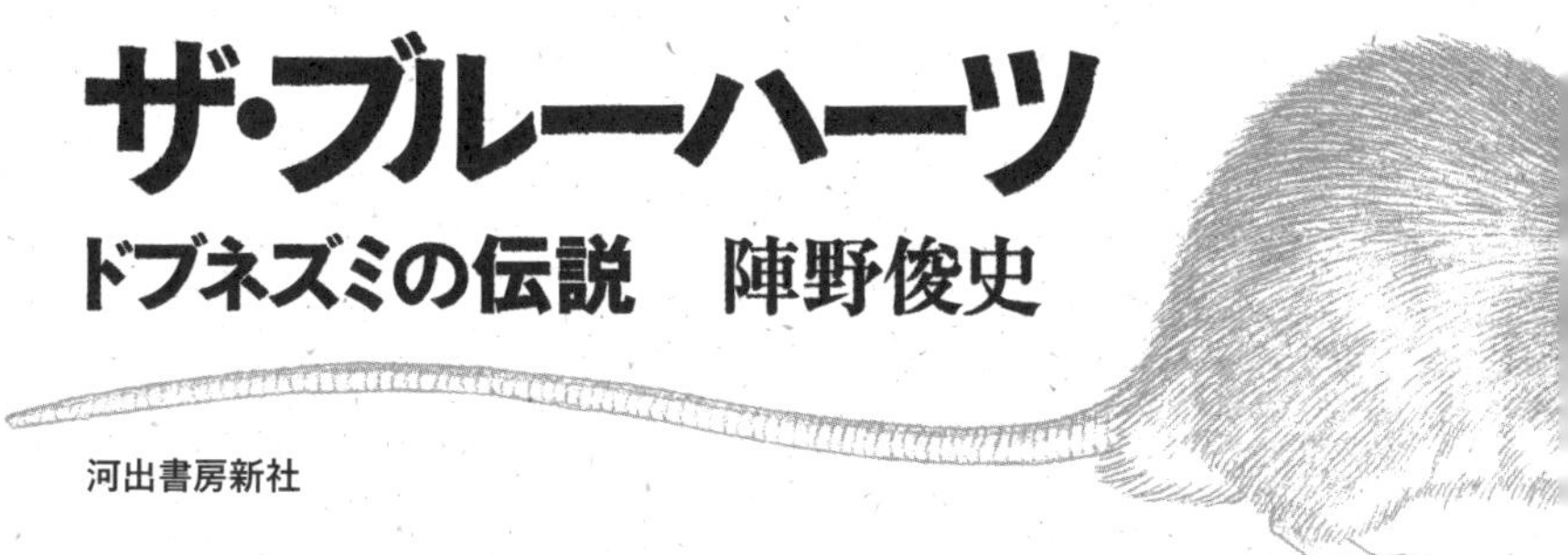

河出書房新社

引用文中、著者による補足などについては〔　〕で示した。
引用文については、表記を改めた箇所もある。

ザ・ブルーハーツ——ドブネズミの伝説

はじめに
孤独と哀しみと神様

ザ・ブルーハーツ（以下「ブルーハーツ」）について書くことになった。そう、一九八五年の結成から一九九五年に解散するまで、「リンダリンダ」や「TRAIN-TRAIN」や「情熱の薔薇」やその他たくさんの、眼がさめるようなヒット曲を放った、あのバンドのことだ。

短い文章を含め、私はこれまでブルーハーツについて書いたことがない。それはたぶん、私が彼らとほぼ同じ年齢、同じ世代に属しているからだ。ブルーハーツの歌を聴いて、彼らの言葉を覚え、ライヴで彼らと一緒に歌うこと、あるいは自室やカラオケ屋さんで大声で（やはり）一緒に歌うことによって、精神的にも肉体的にも助けられた人々は、かつてたくさんいたし、彼らが解散したあとに彼らの音楽を知り、彼らの音楽に励まされたり助けられている人々がいまもいることは、じゅうぶんに推測される。それは素晴らしいことで、「人にやさしく」や「青空」を聴いて、何も思わない人は（反発を含め）いないのではないかと思う。

ただ、私はそうした人々から少し距離のあるところにいた。ライヴの会場で耳にすることは何かの折にあったたし（たぶん学園祭だと思う）、何より一九八〇年代後半、ブルーハーツは街に溢れていた。それなりの頻度でテレビにも出演していた。私なりに言い換えれば、それは、私たちや街が、彼らの音楽に包まれていいたという状態ではないか。いま思い返しても、そのほうがしっくりくる言い方だ。ブルーハーツのほうがどう考えてもあの窮屈な社会状態よりも大きかったのだ……。

だから、一九九五年に彼らが解散し新曲を発表しなくなっても、その事実を受け止めただけだった。こう書くと、ブルーハーツの音楽をどこまでも世代論で語ろうとしているようにみえるかもしれない。「パンク」というジャンルがもともとそういうふうに語られてきたこととも関係するけれど、私はどうやらそういう「パンク概念」に捉われすぎているみたいだ。イギリスのＣＲＡＳＳの連中などをみていると、パンクが世代論で片付くとは思えない。パンクを世代論に限定して語りがちなのは、パンクを語る悪手なんだろうな、とも思う。何よりブルーハーツのメジャーでの二枚目のアルバム『YOUNG AND PRETTY』（一九八七年）をプロデュースした佐久間正英は、ブルーハーツをパンクバンドだと思っていないというではないか。

そもそも、彼らの音楽に対しては誤解している人が多いと思うのですが、ブルーハーツは決してパンク・バンドではありません。そもそも、パンク・バンドにポジティヴな歌詞は似合いませんし、それはある意味タブーですよ。〔中略〕あくまで見た目はパンクのような出で立ちですが、やっている音楽はまったく違う。個人的に日本のパンク・バンドに関しては、アナーキーに始まり、アナーキーで終わったと思っています。

（『別冊宝島　音楽誌が書かないJポップ批評20――ブルーハーツと日本のパンク』宝島社、二〇〇二年、九九頁）

アナーキーに始まりアナーキーで終わる、という視点については、そうなのかもな、という感想を抱くだけだ。ただ、ここで話している佐久間も、アナーキーの遠藤ミチロウもすでにこの世にいない以上、それを考えることは生きている人間の責任でもあろう……。いまは措くしかない。引用しなかったが、『YOUNG AND PRETTY』で最も印象的な曲として佐久間が「レストラン」を挙げているのが面白い。この点は後述する。少し話をまとめると、ブルーハーツは、「ポジティヴな歌詞」を歌い、パンクという概念に収まるバンドではなかった、ということ。世代論で考えるのは、どうやらやめておいたほうがよい、というあたりに話が落ち着くのかもしれない……。ただ、どうして私が世代論を気にしてしまうのか、微妙に消化しきれない感じが残る。そのあたり、批評家で作家の黒川創が、こんなことを書いている。一九八九年の文章だ。

このところ、「ブルーハーツって知ってる?」と、よく聞かれる。
「もちろん」、と僕は答える。
これが高校生ぐらいの世代なら、そんなこと聞くまでもないだろうと思う。だが、僕たちのような二十歳代の後半となると、事情は少し違う。おそらく、「ブルーハーツ」を知っているのは、多めに見積もっても同世代の二割ぐらいじゃないだろうか。残り八割のうち、一割ぐらいは洋楽一辺倒である。そして、最後に残った七割の連中は、きっと、酒場でユーミンやサザン・オールスターズや五木ひろしのカラオケでも歌うほうが、好きなのだ。

ついこのあいだまで、高校生だった気がする。その頃、「セックス・ピストルズがね」とか、「ローリング・ストーンズがね」とか、「矢野顕子がね」とか、「トム・ロビンソン・バンドがね」とか、「いやいや、オーティス・レディングがね」とか、尽きることなく話し続けていた連中が、いつの間にか、カラオケ好きになっている。べつに、そのことが悪いとは言わないが、なんかヘンな気分だ。

（黒川創「ブルーハーツに関する3つの断想」、吉本ばなな他『僕の話を聞いてくれ――ザ・ブルーハーツ I LOVE』リトル・モア、一九八九年、一二三頁）


黒川と同じ感覚を共有していたからこそ、私はやや強引に世代論にこだわっている。黒川は一九六一年生まれ。私とまったく同年の生まれだ。三十年が経って、いま、五十歳代の終わりに差しかかっている。三十年前、「ブルーハーツって知ってる?」と聞かれても、私は「もちろん」とは答えられなかった。聴いてはいたが、「もちろん」とは言えなかった。ブルーハーツの言葉の直接性に自分が鷲掴みされていることを、認めたくなかったからだ（かといってカラオケ好きにもならなかったが）。ブルーハーツの歌詞を自分のこととして聴取するティーンエイジャーを視野の隅に収めながら、彼らの音楽の鳴っている窮屈な社会に生きていた。

解散から二十五年が過ぎた。

ブルーハーツは五年ごとの節目に（結成二十年、三十年、そして今年が三十五年）、ベスト盤や企画モノの音源を順調にリリースしてきた。ヒロトとマーシーなら、ブルーハーツ解散後も、ザ・ハイロウズ

（一九九五－二〇〇五年）、ザ・クロマニヨンズ（二〇〇六年－）と姿を変えつつも音楽活動を続けている。「河ちゃん」も「梶くん」も音楽に携わり続けている。ハイロウズにもクロマニヨンズにも好きな曲はある。だがそれだけだ。私は、彼らの、主として歌詞の、静かなファンであるだけだった。

事情が変わったのは、二〇二〇年も六月に入った頃だった。新型コロナウィルスのせいで、外出はままならない。私の関わるすべての仕事はオンラインになった。自宅どころか、自室から出ることさえ稀になった。六月の時点ですでに三カ月以上、家を出ない暮らしを強いられていた。世界的なレベルでベストセラーとして復活したカミュの『ペスト』を読んでいた。詳しくは後述するが、アルジェリアのオランという街が舞台。ある日を境に、街中に病気のネズミが溢れる。ペストだ。初動は遅れ、行政の対応は後手にまわる。不審な死を遂げる患者たちを前に、医師リウーたちが立ち上がる。人間の尊厳と連帯を描いた名作。現状とのあまりの符合……。

気になることがあった。それはネズミの描き方だ。口から泡をふき、痙攣して絶命していくネズミは、街路で、アパルトマンの階段で、あるいは本来いないはずの人間の居住空間で、多数目撃される。まるで人間の世界に災厄をもたらす「敵」のような描き方だ（むろん、カミュはもう少し丁寧な表現を用いている）。

ネズミは敵なのか、本当に？

私はどうやら小説の入り口で躓いたようだった。そんなとき、旧知の編集者Aさんからメールが一本。「ブルーハーツについて書きませんか？」との言葉があった。

頭のなかに、アカペラで歌うヒロトの声が鳴り響いた。「ドブネズミみたいに美しくなりたい」「写

真には写らない　美しさがあるから」。誰もが知っている名曲「リンダリンダ」の冒頭だ。ここを突破口にすれば書けるかもしれない、そう思った。いや、いくらなんでもそれは荒唐無稽な連想だろ、とも思った。『ペスト』と「リンダリンダ」のネズミつながり、というだけでは一冊の本を仕上げることなどできないのではないか。

だが、「ブルーハーツはどうですか」の問いに、三十年ぶりに「もちろん」と答えてみたいと思った。十代でブルーハーツの音楽に接し、ヒロトのはっきりとした、太い声で歌われる歌詞を身体に刻んだ人々には、私の言葉は必要ない。そもそも音楽を楽しむのに、言葉は不要だ。だから私のやろうとしていることは、楽しみとは別の、解釈だ。ブルーハーツの音楽、というより、彼らの歌詞を「詩」として捉え、二〇二〇年の現在から解釈すること――彼らの「詩」はいまでもなお、人々の心に響くものを持っているし、それは幾度でも甦って来るものだ。だとすれば、そのたびにその時点での小さな解釈があってもいい。そう考えた。

だが、それだけではやはり不十分だ。ブルーハーツの歌詞を「詩」として読むための基準がみえない。歌詞から恣意的に言葉を抜き出してきて、都合よく繋げるようなことはしたくなかった。彼らの言葉を既存の枠組みに押し込むために断片的に言葉を切り取ることは、冒瀆に等しいだろう。「反原発」にしろ、「社会派」にしろ、「やさしさパンク」にしろ、あるいは「青春の応援歌」にしろ、ブルーハーツの歌詞のごく一部を切断して拡張したものにすぎない（そのレッテルについては、後述する）。悩む。ここがクリアできない限り、ブルーハーツの歌詞を「詩」として読むことはできそうにない。

ひとつ、尺度を提示したい。

フランスのテレビやラジオの番組のアーカイヴで、それらをオンラインで検索できるサイトがある。ＩＮＡという。ある日、ＩＮＡから送られてくる動画の抜粋をＰＣで漫然とみていたら、一九七九年と一九八〇年に収録されたレナード・コーエンのインタビューがあった。レナード・コーエンは、カナダ出身のシンガーソングライターで、独特の陰翳のある歌詞が人気を博した人だ。二〇一六年に八十二歳で亡くなった。彼の発言の要点だけ引用する。「――」以下の質問はインタビュアーの言葉。


私は芸術家の仕事というのは、世界の、ある国の、人々の心を開くことだと考えます。観念を摑むとか、その観念のために闘うだとか、そんなことは問題じゃない。

――あなたは、哀しみの王子だと言われていますが？

いや、私はとても幸せだ。

――では、あなたの歌が哀しいのか？

そう、私の哀しみは、私の歌のなかにある。私の哀しみをそこで守っている。歌というのは、そんな感情の博物館だから。

――あなたは孤独ですか？

いや、いや、私はとても人々を愛している。私にとって、詩《ポエジー》は現実《リアリティ》なのだ。詩はそれ以外のものではない。私にとって詩はルポルタージュ。内側からであれ外側からであれ、ひとつの状況のいちばん本物のルポルタージュなんだ。

――あなたを前に進ませているものは何でしょうか？

〔ここでレナード・コーエンは意を決したように〕絶対的なるものの観念。〔インタビュアーはこの答えに少したじろぐ〕

——あなたは信仰を持っているのですか？

ああ、そう、私はすべてのものを信じているよ。

——神《ディウ》も信じている？

「神《ディウ》」って、何なのかな？

——神《ゴッド》です。

あなたがそう名づけたいなら、もしあなたが絶対的なる存在に名前を与えたいのならば。だが、絶対的なものに名前を与えることは禁じられている。　（拙訳、傍点引用者）

モントリオール生まれで、圧倒的な数のフランス人に囲まれて育ちながら（モントリオールは当時、二言語使用というよりもフランス語話者のほうが数的に優勢だったと彼の評伝に記述がある）、フランス語よりも英語を選んだシンガーソングライターは、このインタビューであまり上手とは言えないものの、自分の意見を伝えるぐらいであれば十分に通用するフランス語で対話していたのだが、「神」をめぐる言葉だけは「ディウ」を理解できない単語として話している。確信犯だな、と思う。理解できないはずはない。

もちろん、レナード・コーエンとブルーハーツは演奏している音楽のジャンルが全然違う。関係ない。だが、右のインタビューでレナード・コーエンが用いている言葉は、ほぼブルーハーツに当てはまる。少しまとめて書けば、こうなるか。

歌は、聴く人の「心を開く」ことを目的にしている。そして歌のなかには「哀しみ」が蔵されていて、歌はその「博物館」なのだ。「孤独」もみえる。「詩」は、内面と外面の状況をルポするもの。「詩」は「リアリティ」なのだ。そして「絶対的なるものの観念」こそが大切で、それが私を前へと進ませてくれるのだが、ただ、それを「神」とは呼ばないし、呼ぶこと自体禁じられている……。

「哀しみ」と「孤独」はブルーハーツの歌詞の鍵だ。私は彼らの歌に基本的にはこの二つを聴く。「ポエジー」は「リアリティ」だ、という言葉はそのまま、後年のザ・ハイロウズの歌詞を思わせる。「十四歳」という曲のなかで「リアルよりリアリティ」とヒロトは繰り返していた。そして「神様」。ブルーハーツほど、「神様」を歌詞に登場させたバンドがこの島にあったろうか？　レナード・コーエンが深い信仰（ユダヤ教）の果てに神を神と呼ばない選択をしたのであれば（少なくとも歌のなかでは）、私たちは、逆にブルーハーツの歌詞のなかに頻繁に呼び出される「神様」にもっと注意を向けてよかったのではないか。「哀しみ」と「孤独」と「ポエジー」と「リアリティ」、そして「神様」だ。

いまだ道具が充分とは言えない。だがひとまずこれでスタートしよう。ブルーハーツができてから解散するまでの時間の流れに沿ってゆく。そのとき、時代背景の説明も最低限、入れてみよう。そして、この本の最大のポイントは歌詞の分析にある。立ち止まって考えたい。歌詞については当該の作品全篇を引用することにする。先にも書いたが、部分的に引用して既成の文脈に落とし込むことは避けたい（まったくやらない、という自信もないが）。そのための準備として、公式レコーディング曲百十四曲をすべていったん縦書きにしてみた。縦書きに抒情的なポエジーが宿っているなどと考えたからではない。彼らの「歌詞」を「詩」として読むとき、どうしても縦書きが必要だと思ったからだ。ＣＤ

に添付されているライナー・ノーツはたいてい横書きだ。縦に読むと少し違ってみえる。なお、ハイロウズやクロマニヨンズの歌詞も一部縦書きを用意したが、すべてではない。

さて、これからは、ブルーハーツの「歌詞」を「詩」として読むので、「歌詞」という表現はやめる。むろん声を離れて独立している「うた」など、ほんらいは存在しない。だから「詩」として扱うという姿勢には無理があるし、何か大きな欠落を抱えていることも承知している。あの、舌の自由を確保するかのような、ヒロトの口の動きから放たれる太く伸びやかな声は、以下の解釈からは消えている。仕方がない。読者の頭のなかで補って欲しい。

なお、ここまでヒロトやマーシー、「河ちゃん」「梶くん」といった愛称を用いた。ここからは「甲本ヒロト」、「真島昌利」、「河口純之助」、「梶原徹也」という名称を用いる。敬称は略する。

第1章 「1985」に始まる

都立家政へ

二〇二〇年、夏。

たぶん三十四年ぶりに西武新宿線・都立家政駅で降りる。東京の西武新宿駅を始発とする黄色い電車。高田馬場、下落合、中井、新井薬師前、沼袋、野方、そして都立家政と続く。急行の停まる鷺宮駅のひとつ手前、各駅停車しか停まらない、あえて言うが、地味な駅が「都立家政駅」だ。私はこの駅から徒歩十分くらいのアパートに一九八二年から四年間住んだ。大学生の時代。風呂ナシの六畳一間。共同トイレ。引っ越してあのアパートを去ってから一度もこの駅の改札をくぐっていない。当たり前だが、自動改札になっている。アパートの住所は、中野区鷺宮二丁目……。

八〇年代について書かれた文章のほとんどに、個人的な懐古趣味がぺったりと張りついている。あまり気持ちのいいものではないと思っていた。まさか自分がその種の文章を書くとは思ってもみなかった。だがやはりあの場所、自分が住んでいた場所を出発点にするしかないと決断し、右のような書き出しを選んだ。第2章以後、個人的な感傷はいっさい書かないことを約束して、この章だけ、ノスタルジーの混入することをお許し願いたい。

線路を跨いで、北口のほうへ歩く。踏切が開くのを待つのも久しぶりの体験かもしれない。三十四年前と変わらない。小さな駅前商店街を北上する。新青梅街道まで、五、六分だろうか。日本中のあらゆる街と同じように、コンビニ、ドラッグストア、ファストフード店が軒を連ねている。嬉しいことに、昔よくコロッケを買った焼き鳥屋さんはいまだにある。建築制限が厳しいのか、全体にマンション化しているけれど、低層だ。いちばん高い建物でも四階建て。昔は戸建てだったが……。新青梅街道に出る。車の往来が急に激しくなる。信号機を渡る。右折。

しばらく歩く。かつて毎日通った道を、還暦近くになってまた辿っている。特別な感慨はない。ただ急に昔の心象が甦る。あまり触れたくない過去もある。新青梅街道の向こう、昔は畑が散在していた。主に大根が植えてあった。地理的には練馬区に近いから、たぶん「練馬大根」なのだろうと、かってに思っていた。大根の畑を横切るようにして、銭湯に行った。「平和湯」はもうないだろう。しばらく歩く。新青梅街道を新宿のほうへ少し戻る形だ。前方、通りの向こう側に、スーパー「サミット」がみえる。昨夜、Googleマップで確認した通り。昔、材木屋さんだった場所がいまの「サミット」。とすれば、その角を左折しなければならない。十メートルほど行ったら、今度は右折。私の住んでいたアパートはそこにあるはずだった……。と、続けば、こうした文章では約束事のように、だが何もなかった、と文章を繋げたほうがいい、というか、そう続くのが普通なのだが、私が四年間を過ごしたアパートは、見事に建っていた。同じ場所に建っていた。ただし、完全に建て替わっている。アパートの名前は同じ。大家さんのマキさんはかつてもかなりの高齢だったので、代替わりして縁者の人が建てたものと思われる。写真を数枚。

そして、私は、二枚のフライヤーを取り出す。正確にはかつてブルーハーツによって配布されたフライヤーのコピーだ。一枚のほうには「12.24 START 3.00pm ¥1000」と書かれていて、甲本ヒロトがマイクを握って歌う姿がようやく彼だと認識できるほどの粗さで再現されている。彼の画の周りには「″1985″ソノシート限定無料配布」、とある。「工場跡から…」という文字も躍る。もう一枚のほうには、「1985 12.24 TUE.」のあとに、「世界一のクリスマス!」との横書き文字。四人が並んだ立姿が、黒い影のように描かれる。「AT SUPER LOFT」の文字も。二つのフライヤーはともに、ライヴの場所である「都立家政スーパーロフト」までの道筋を示す小さな地図を右下に収める。不思議なことに「西武新宿線野方駅徒歩十五分」とある。都立家政スーパーロフトなのに、なぜ、ひとつ前の駅「野方」からの徒歩を奨励しているのか。

そもそも、この「都立家政スーパーロフト」なる場所が、いったいどこなのか、フライヤーを事後に発見した人間にはわからない。このあたり、かなり土地勘があるはずなのになぁ。怪訝に思う。過去を確認するために、夏の終わりのまだ暑い季節に歩いている。地図どおりに野方駅から歩けばよかったかな、とも思った。汗が流れる。新青梅街道まで戻る。「引っ越すってことは過去が消えるということなんですよ」。ブルーハーツの誰かの言葉が不意に頭をよぎる。戻るといっても数十メートルのことなのだが。再び新宿方面に向かって歩き出す。フライヤーの地図を見る限り、「サンバレー」という建物がポイントだ。サンバレー、たぶんないだろうな、と思いながらビルを見上げながら移動する。「サンバレービル」は呆気なく見つかった。しかも、私の住んでいたアパートから、たぶん百メートルも離れていない。通り二つ分くらいの近さ。いつも弁当を買いに行っていた店の斜向かいのビル。立ち眩みがする。暑さのせいではない。「サンバレー」ビル手前を左に折れて、しばらく歩き、最初の通りを右に曲がれば、そこが「スーパーロフト」のはず……。むろん鉄工所を改良した簡易なライヴハウスはもう存在しない。何かの記号のように、そこには名前のわからない大きな木が一本、立っていた。

ブルーハーツの歴史の出発点のひとつは、ここである。記念すべき初のワンマン・ライヴの場所だ。むろん若干の前史はある。「ザ・ブルーハーツ」の初ステージは、八五年四月三日、新宿ロフト。新宿や渋谷でライヴを重ねた。評判を呼び、観客は増えた。メンバーの入れ替えが起こり、四人の固定メンバー（甲本ヒロト、真島昌利、河口純之助、梶原徹也）に落ち着くまで、もう少し時間がかかる。フライヤーにあった通り、このライヴには「1985」という曲のソノシートがついていた。ちなみにこのライヴ以後、「1985」という楽曲は解散するまで演奏されることはなく、解散後の一九九五年にリリースされた『スーパーベスト』に収録され、十年ぶりに聴取可能となった（結成三十周年を記念してリリースされた『オールタイム・メモリアルズ』では一曲目を飾っている）。この日のライヴでは全二十一曲のレパートリーが演奏された。観客、二百五十六人。もちろんこの「二百五十六人」に私は入っていない。自室から百メートル圏内、広い意味での「隣り」で演奏されたブルーハーツの音に触れていない。何てことだ！　かつての「都立家政スーパーロフト」の位置を確認して、全身が震えるほどの後悔を覚えた。フライヤー（のコピー）を握りしめる。私はきっとその時間、つまり、一九八五年十二月二十四日、午後三時。家にいた。だがブルーハーツが聴こえなかった。

ネズミとゴキブリと

もう少しバンドの成立過程を。

基本的には甲本ヒロト（ヴォーカル、ブルースハープ）が個人史に絡めながら来歴を語ることが多い。甲本の語るロックとの出会いや、ティーンエイジャーの頃の世間に対する違和感は彼が繰り返し様々な媒体で語っていることなので、触れる機会が後にあるだろう。ここでは、高校卒業後、大学に入学し、東京へ出てきたあたりから書き抜いてみよう。作家・髙山文彦によるヒロトへの長時間のインタビューを元にする（『Views』一九九五年十一月号、講談社、一二六 - 一三三頁）。

岡山にいた高校時代（甲本は一九六三年三月生まれ。高校時代は七〇年代の終わりと重なる）は、両親の経営するクリーニング店で週に二日、手伝いをしていた。法政大学に進学が決まると、みずから奨学金を手配し、仕送りは三万円に抑えた。渋谷区幡ヶ谷の四畳半のアパート代は一万四千円。金銭的に苦しくなると、アルバイトをして稼いだ。授業料も自分で払うつもりだった。苦学生の道を意図して選んだわけではなかった。大学に進んだのは東京に行くための口実で、どうせすぐにやめるだろうと思ったので、親に余計な負担をかけたくなかった。高校三年のときに始めたバンド「ラウンド・アバウト」のメンバー三人と上京した甲本は、渋谷の「屋根裏」に登場し、複数のライヴハウスに出演する。二年生になる頃大学をやめ、バンド活動に専念する。ギターが抜けて、岡山から高校をやめて上京した山川のりをが加わり、ザ・コーツが誕生した。このバンドで演奏していた曲には、後年、ブルーハーツの楽曲として有名になる「NO NO NO」や「ロマンチック」や「少年の詩」（いずれも作詞・作曲は甲本ヒロト）がすでに存在した。ギターを弾かない甲本は、散歩しながら鼻歌を口ずさんだ。その

「曲」を山川がギターで弾いて、メロディとして完成させる。コーツの人気は加速した。だが曲ができなくなった。甲本はスランプに陥る。その最中でも「人にやさしく」のような名曲ができたが、バンドは解散した（一九八四年）。二、三年はぶらぶらしようと考えた――。以下、高山の文章を引用する。

ポケットに1円もなくなれば、以前からよくしてもらっていた下北沢のラーメン屋「珉亭《みん》」に電話をし、働かせてもらう。賄《まかな》い付きで、日当がその日払いなのが最大の魅力だった。コーツをやめてからはチンピラに徹し、スキンヘッドだけでなく眉毛も剃り落していた。テキ屋の一団に仲間入りし、タコ焼きを焼いて売ったりする。「洞穴《ほらあな》があればそこで暮らしたい」と本気でおもっていた。ヤクザ稼業の男に言われるままに、笹塚の工場に住みはじめたのはそのころのことだった。工場はバドミントンの羽根などをつくっていたが倒産してしまい、

「この物件、ほっといたらネズミやゴキブリがでて大変だから、きみ、ただでいいから住んでくれないか」

と言われたのだった。渡りに舟とはこのことだったが、だだっぴろい3階建ての工場のなかの7畳の部屋にたったひとりで住みはじめてみると寂しくてやりきれず、数カ月もすると、つぎからつぎへと友人を誘いこんだ。食い散らかしてばかりいるので、ネズミやゴキブリはかえって増えていくいっぽうだった。

1984年のクリスマスが来ようとしていた。東京へ来てから3年、やる気もいっこうにわかず、イブの日に工場のなかで「乱交パーティ」と銘打ったパーティをひらいた。50人ほどの若者

たちがチケットを手に集まった。バドミントンの羽根を箱から出して工場の床に雪のように敷きつめ、ロックをがんがん鳴らしながら狂乱のなかで酒を飲んでいると、かたわらにひとりの長髪の男が近づいてきた。

「俺、バンドやめようとおもうんだ」

ブレーカーズというバンドのギタリストをしている真島昌利だった。ブレーカーズはメジャー・デビューまちがいなしと言われ、ヒロトもてっきり真島はデビューするばかりだとおもっていた。

「へぇ、ブレーカーズやめんのぉ？」

「ヒロト、どうすんの」

「俺は、まあ、2〜3年適当にいろんなバンドでリズム&ブルースのカバーでもやりながら考えるわ」

「やろうよ、いっしょに」

真島はそう言った。

酔っぱらっていたヒロトは、重大な話をもちかけられていることなど考えもせず、

「やってもいいけど……まあ、いいよぉ」

と軽く答えた。それが「ザ・ブルーハーツ」の結成に向かっていくとは、露ほどにもおもっていなかった。〔中略〕

11年まえ〔一九八四年〕のクリスマスイブ、ヒロトも真島昌利もほとんど同時期にバンドをやめて、あてもなくぶらぶらしていた。そして翌年の正月が過ぎてまもなく、ヒロトの部屋の窓に小

石の当たる音がする。窓をあけてみると、友人の車で乗りつけた真島が、ギターと家財道具一式を抱えて突っ立っていた。彼はその日から、ヒロトの工場で同居するようになった。ブルーハーツを結成したのはその年、つまり1985年の2月のことだ。

真島はすでに何曲か完成させていたが、ヒロトはふたたびテレビとお菓子の日々にもどっていて、いつまでたっても立ち上がろうとしない。ある日午後4時になってミーティングをしようと真島が告げると、「ちょっと待って、これから「ばってんロボ丸」がはじまるから」とごろりと寝転がったまま言う。真島はついに怒りを爆発させて、

「だめだァ！　だめだめ。こんなもんがあるからいけないんだ！」

憤然とテレビのスイッチを切り、コンセントを引き抜いてテレビを抱え上げると、隣の部屋に持ち去った。「そのときですよね。ああ、友だちをこんなに悲しい気持ちにさせちゃいけないとおもって。それからすぐに曲をふたつつくったの。できましたァって、マーシーにもってった」

ドブネズミみたいに
美しくなりたい
写真には写らない
美しさがあるから

「リンダリンダ」はこうして生まれた。もうひとつの曲は「ブルーハーツのテーマ」だった。自分もできた、と言って真島もギターを弾いて「ハンマー」を歌った。そこからようやくバンドの

活動が始まったような気がする……とヒロトは言う。

（高山文彦「「ドブネズミ」はいかにして「教祖」になったか」、前掲『Views』一九九五年十一月号、一三一頁）

引用が長くなったが、ブルーハーツの誕生の瞬間を捉えた、貴重な文章である。真島昌利は、一九六二年二月、東京・日野市生まれ。花小金井育ち。甲本とは一歳違い。ギタリスト。ヴォーカルを担当する曲もある。甲本と二人でブルーハーツのほとんどの歌を作り出した。

右の「結成」シーンが面白い理由は二つある。ひとつは、バンドの最初から「ネズミやゴキブリ」は物理的に、身近にいたことになる。バトミントンの羽根を生産していた「工場」にいるネズミたちは、甲本の加入によって食料を得て、増殖したのだろう。頻々と姿をみせるようになった……とまでは書いていないのだが、「リンダリンダ」の詩を考えるとき、このネズミたちの現前は無視できないと考える。それからもうひとつ。真島に曲を作るよう圧力をかけられた甲本が、「リンダリンダ」と一緒に「ブルーハーツのテーマ」を作った、ということ。二つの曲が同時にできたことは、この二曲の親和性を示しているのではないか。二曲には他の楽曲とは違う、親密さが流れているという推論は、根拠は弱いが、そう読んだほうが（というか、右のドキュメントをそう解釈したほうが）面白い。次の、第2章で取り上げる。

さて、ようやくブルーハーツは結成される。DVD『ブルーハーツが聴こえない――HISTORY OF THE BLUE HEARTS』（二〇〇四年）に封入されている資料（以下、『ブルーハーツが聴こえない』資料と略記）から、一九八五年の活動を書き出してみよう。

二月　THE BLUE HEARTS結成　結成当時のメンバーはVo.ヒロト　G.マーシー　B.マサミ
Dr.リュースケ
四月三日　新宿ロフトで初ライブ　チケットは1ドリンク付き¥1000
八月　Bass脱退／河ちゃん正式加入　渋谷・屋根裏を中心に精力的に活動し、着実にファンを摑んでいった
十二月二十四日　スーパーロフトにて「世界一のクリスマス」初ワンマン　動員数二百五十六人
（一部、字句を直した）

まだ本格始動とはいかない。準備期間の助走、といった感がある。特筆すべきは、ベーシストとして正式に河口純之助が加入していること。一九六一年四月、東京都出身。前掲『別冊宝島　音楽誌が書かないJポップ批評20』から河口の「ブルーハーツ以前の活動」を拾っておこう。「高校生の頃、ピンク・フロイドのコピーバンドで、女物のサリーを体に巻きつけボーカルを務める。その後も、サイケ／プログレ系の音楽活動を継続。映像と音楽のコラボレーションなども試みていたらしい。22歳のとき、当時コーツのボーカルだったヒロトと知り合い、ブルーハーツ結成直後はマネージャーに。ベーシストのマサミが抜けた後、サポート的に入っていた山川ノリオも抜けることになり、急遽ベーストとして参加する」。

幻の「1985」

どうしても気になることがある。それは「1985」という曲のことだ。すでに述べたように、こ

の曲はクリスマスのワンマン・ライヴ以後演奏されることはなくなった（一九八五年の間は、かなり演奏されたようだ）。つまり年を跨がなかった。タイトル通り、一九八五年で終わりになったのだ。だからソノシートを手に入れた少数の幸福者を除けば、どんな曲なのかわからなかったはずだ。ちなみに、黒のビニールに金色のマジックと思われる手書き文字で「1985 THE BLUE HEARTS SAMPLE 45」と書かれたソノシートの現物は、二〇二〇年九月現在、アマゾンの価格で二十一万五千円である。

私が気になるのは値段のことではない。気になるのは、この歌の詩。以下に引用する。

１９８５（作詞・作曲＝甲本ヒロト）

１９８５　国籍不明の
１９８５　飛行機が飛んだ
風を砕くのは銀色のボディー
謎のイニシャルは誰かの名前
僕達がまだ生まれてなかった
40年前戦争に負けた
そしてこの島は歴史に残った
放射能に汚染された島

１９８５　求めちゃいけない
１９８５　甘い口づけは
黒い雨が降る死にかけた街で
何をかけようかジュークボックスで
１９８５　今、この空は
神様も住めない　そして
海まで　山分けにするのか
誰がつくった物でもないのに

１９８５　クリスマスまでに
サンタクロースのおじいさんの
命が危ない
１９８５　選挙ポスターも
１９８５　あてにはならない

僕たちを縛りつけて　一人ぼっちにさせようとした
すべての大人に感謝します
１９８５年　日本代表　ブルーハーツ〔この三行は歌詞カードにはない〕

冒頭、「国籍不明の」「銀色のボディー」は、自分たちのことを表していると考えられようか。突如出現した謎の、しかも高速の「飛行機」として自己を定義することは想像の範囲だ。と同時に、この年、一九八五年八月十二日に、日本航空123便が墜落事故を起こしている。「飛行機」という言葉を事後に眺める者には、事故が透けてみえる。しかもそれは「40年前に戦争に負け」て残った「放射能に汚染された島」の出来事である。「戦争が終わって僕らは生まれた」といった、ゆるい自己認識ではない。「放射能」「戦争に負けた」「黒い雨」「死にかけた街」「神様も住めない」といった言葉は、自分たちの住む場所が、取り返しのつかない、放射能汚染された恢復不能の空間であることも示している。厳しい認識と言うべきだろう。宮崎駿監督の映画『風の谷のナウシカ』が前年、一九八四年に公開されていることをチラリと連想させる。こうした詩の言葉は、一九八七年に発表されるファースト・アルバムの多くの曲にも共有されている。ブルーハーツとは、出発点からしてすでに、戦争のこと、原爆のことを歌うバンドだった。「社会派」でも「反原発」でもなく、そういうバンドだったのだ。いいも悪いもない。流行りも廃りもない。原爆によってボコボコにされた場所こそがバンドのリアリティだったのだ。この認識のほうが先である。「1985」という曲はそのことを明確に示している。

そこで問題となるのは、こうした自己認識がどこからきたのか、ということだ。推論を幾つか述べる。まず、詩を書いた甲本ヒロト本人に根拠を求めることはできないか。先述したように、甲本は岡山県岡山市出身。広島に隣接する。甲本が広島の、原爆を介した平和教育を受け、強く影響された可能性はないとは言えない。四〇年から五〇年前の岡山県の平和教育に何か特筆すべき点があるかどうか、調べたが、当然のごとく調べはつかない……。こんなことを書くのは、おそらく私が長崎市出身であることと無縁ではない。長崎では日常の生活圏のなかに原爆の要素はちりばめられている。「平和」と名のつく場所が無数にあるし、原爆投下の中心地、いわゆる「爆心地」も生活圏だった。原爆資料館には折鶴が何万羽と飾られている。日常のなかに何の違和感もなく原爆は織り込まれている。強引な言い方になるが、広島や長崎の関係者ならば、原爆と放射能と敗戦からの出発という認識は、ふつうに共有されているだろう。ふつうに、が言い過ぎなら、少なくとも五十歳以上の、と限定してもいい。甲本はどうか。むろん、わからない。

とすれば、他の推論の可能性を考えるしかない。

このとき気になるのが、終わりの三行だ。「僕たちを縛りつけて　一人ぼっちにさせようとしたすべての大人に感謝します　1985年　日本代表　ブルーハーツ」。「一人ぼっち」がすでに見える。孤独というテーマが顔をのぞかせている。音源を耳にしたことのない人のために書くと、この三行はメロディに乗っていない。つまり歌の一部として、というよりも、運動会の選手宣誓のような言葉である。これを詩の言葉として扱うか、迷うところだ。なぜか。この言葉が彼らのファースト・アルバムの帯に転用された、ということもある。それだけではない。ここに「日本」という言葉が使われていることがどうも気になるのだ。

「1985」の詩を注意深く読めば、そこに「国」という言葉が使われていないことに気づくだろう。「日本」もない。この詩だけではない。この二つの語、「日本」と「国」はブルーハーツのすべての詩にほぼ出てこない、、、（唯一の例外がおそらくカンボジアのことを指す「南の国」。この件は後述する）。このことはいくら強調しても強調しすぎることはないと思う。彼らにとって自分たちの住む場所は「島」ではあっても「国」ではないし、「日本」ではなかった。少なくとも詩を読む限りではそうだ。このことは、

「僕」という主人公が世界と相対するとき、その間に夾雑物のように「国」が挟まることがなかったということを意味している。ブルーハーツにとって、個人は最初から世界と向き合っていたし、この対峙姿勢から生まれる煩悶が、詩になった。

とすれば、やはり最後の三行の言葉は詩に含まれているわけではない、と私は捉えたい。どうしてこの言葉がここに置かれているのか。わざわざ「日本」という言葉を用いてまで？ 前掲の髙山文彦によるインタビューのなかで甲本は次のようなことを言っている。自分にとってのロックは六〇年代までで終わっていた、自分が生きている七〇年代のロックは「俺にはできねぇ」と感じていた、「関係ない世界」だと。だが中学三年の終わり（七八年か）に「セックス・ピストルズ、クラッシュ、ジャム、ダムド」を聴いて六〇年代じゃねぇか、と思い、「これだァ。いまでも、やっていいんだァ！」と思った、と（前掲『Views』一九九五年十一月号、一三〇頁）。

右の「日本代表」という言葉は、だからピストルズやクラッシュやジャムやダムドが参加している運動会に自分もこれから参加するという「宣言」だったのではないか。推論の二つ目だ。なかでも甲本の脳裡を駆け巡っていたバンドは――ザ・クラッシュではなかったろうか。クラッシュは一九八二年一月から二月にかけて、最初で最後の日本公演を行っている。甲本は観ただろうか。一九八五年、クラッシュは解散する。

クラッシュの代表的な歌、「ロンドン・コーリング」の大意だけ述べよう。ここロンドンから、遠く離れた町へ、呼びかける。いま、戦争が始まった。宣戦布告ってやつだ。ここはロンドン、世界に呼びかける。君たちがいまいる狭い箱のなかから、勇気を振り絞って出てこいよ、少年少女諸君！氷河期がやってきたみたいだ、どうやら太陽も接近してきている。小麦の成育も思ったより以上に悪い。世界中のエンジンが止まっちまったみたいだ……。核の事故もあった。でも俺は怖くはない。ロンドンは水浸しで、俺は川の傍らに住んでる……。

サビの部分に「核の事故」への言及があるからそう聞こえるのかもしれないが（ここでの「核の事故」は一九七九年にアメリカのペンシルバニア州スリーマイル島で起きた原子力発電所事故を指す）、「1985」での「放射能に汚染された島」と共通する何かがあるように思える。曲の最後、モールス信号で「SOS」を打電しながら終わっていく「ロンドン・コーリング」は曲の勢いとは別に、その世界観は暗い。地球の行き止まり感を如実に表現している。凄惨な「島」の状況からのスタートという意味で、二つの曲は共通している。

映画『白い暴動』

むろん、そんな推論を限定的に語る必要はないのかもしれない（じっさい、「1985」は、クラッシュのファースト・シングル「1977」を意識したものだろう。「1977」は彼らの最初のアルバム『白い暴動』に収録されなかった点でも「1985」と通底する……）。ブルーハーツは、この島でパンク・ロックの精神を大きく受け継いだ、というふうにふんわりと考えておくほうがいいのかもしれない……そんなことを考えたのは、映画『白い暴動』（監督ルビカ・シャー、二〇一九年）を二〇二〇年になって観たからだ。

このドキュメンタリー映画は、一九七〇年代のイギリスを舞台にしている。ヨーロッパの大国はたいていそうだが、第二次世界大戦で失った人手を移民受け入れによって穴埋めしてきた。そのツケが七〇年代に噴出する。経済不振によって仕事が減り、自分たちの仕事が移民によって奪われるという俗説が出回る。「白人」たちの間には不安が募り、排外主義や人種差別意識が蔓延する。くわえて著名人の人種差別発言が排外主義を助長する。イーノック・パウエルという保守党政治家は、「移民は全員拘束して国外追放を」という過激な主張を繰り返した。それをエリック・クラプトンら有名ミュージシャンが支持する。極右の国民戦線は我が物顔で示威行進を繰り返す（この段階で、これがイギリスに限った話ではない、と誰もが気づくはず）。

そんな暗いロンドンで、一人の芸術家が声を上げる。レッド・ソーンダズだ。以下、映画パンフレットから。

ザ・クラッシュのライヴでのパワーに触発され、「イギリス国民は1つだ」と声を上げ、レイシズムに立ち向かっていく。その意見に賛同した友人のロジャー・ハドルと仲間たちと共に「ロック・アゲインスト・レイシズム（RAR）」を創設。彼らの差別反対を訴える投稿を音楽メディアが取り上げたことをきっかけに賛同者が増えていき、主張とカルチャーをうまく盛り込んだ雑誌「テンポラリー・ホーディング」を自費出版してライヴ会場などで販売。そのメッセージはザ・クラッシュやトム・ロビンソン・バンドといったパンク・バンドでだけではなく、差別される側であったスティール・パルスら移民2世によるレゲエ・バンドからも支持されるようになっていった。

〔映画『白い暴動』パンフレットより〕

極右組織も黙っていない。RARに対抗する雑誌を発行したり、RARのバッジをつけている人間に暴力を振るったりし始める。状況が悪化するなか、レッドたちは、「ロンドンのトラファルガー広場から」「ヴィクトリア・パーク」（極右支持者が多く住んでいた）まで、約八キロに及ぶ大行進を企画する。ゴールの公園ではザ・クラッシュ、トム・ロビンソン・バンド、シャム69、X・レイ・スペックス、スティール・パルスといった様々な肌の色を持つバンドが演奏することになった。RARのメンバーたちは果たして、デモを、ライヴを成功させることができるのか……。

この運動は、クラッシュらのパンク精神を受け継いだ人間が起こしたものだ。排外主義に抗するべく行動を起こしたRARは最後に、十万人に及ぶ観客を集める大スペクタクルを実現してしまう。どんどんと押し寄せる波のような人々をみていて、では、ブルーハーツのパンク・スピリッツをあなたはどう受け止める？ と問われているような気分になった。スピリッツはどこに？ と。

そして、何と、ヴィクトリア・パークでのライヴのトリをつとめたのは、ザ・クラッシュではなく、トム・ロビンソン・バンドだった。RARのメンバーは「彼〔トム〕ならみんなをまとめられる」と証言する。トム・ロビンソン。七〇年代から自身がゲイであることを公言して活躍したロック・スター。「2-4-6-8 Motorway」はたしか極東の地でもそれなりにヒットしたはずだ。一九九八年の来日ライヴでトム・ロビンソンは、多くの日本語を話している（ライヴ・アルバムあり）。「2・4・6・8」を「に・し・ろ・や」と掛け声にしているのには笑った。トム・ロビンソンの来日を呼び掛けたのが、ザ・ハイロウズだった。甲本らは、自分たちが受け継いだパンク精神を歌以外でも体現している。

社会情勢を簡単に振り返る。

一九八五年は転換の年だった。ひとつだけと言われれば、「プラザ合意」を挙げたい。九月に、日本、アメリカ、イギリス、西ドイツ、フランスの先進五カ国蔵相・中央銀行総裁会議（G5）がニューヨークの老舗ホテルで開催された。貿易の不均衡を助長しているドル高を是正し、アメリカ議会の保護貿易主義をけん制するために、協調介入を求めた。これがいわゆる「プラザ合意」だ。日本からは竹下登蔵相（当時）が出席した。アメリカはこの合意で、為替ルートの「放任主義」を放棄、円とドルのレートは、一ドル二百四十円前後だったものが、年末には二百円を割り、二年後の二月には、百五十円台にまで円高は進んだ。日本人の海外旅行者は急増し、全国の土地資産額は、一九八〇年に一千兆円だったものが、八五年には二千四百兆円に撥ねあがる。日本の地価総額で、国土面積が二十倍を超えるアメリカ全土を、全部買えるほどになっていた。バブルの始まりである。（経済情報は、村田晃嗣『プレイバック1980年代』文春新書、二〇〇六年、一八五頁）。ちなみにオカルト雑誌のグラビアで、オウム真理教の教祖だった麻原彰晃が空中浮遊し始めるのも、一九八五年のことだった。

第2章 「ドブネズミ」の行方

ライヴで突っ走る

一九八六年。前年に産声を上げたブルーハーツは、活動を加速していく。音源のリリースよりもライヴを重視し、観客動員も増える。主なライヴをDVD『ブルーハーツが聴こえない』資料から書き出しておく。

三月二十日　アトミック・カフェ・フェスティヴァル　プロバンドの中に混じりアマチュアバンドで唯一出演
四月　Drums 脱退／梶くん正式加入
五月十九日　テレビ初出演
五月二十二日　「リンダリンダ」初ＯＮ ＡＩＲ
六月九日　目黒・鹿鳴館にてワンマンライヴ　動員数四百八十九人（入場できないファンもいた）

六月　関西ツアー
六月二十二日　日比谷野外音楽堂 with 喜納昌吉、じゃがたら他
七月　東北ツアー
八月八日　秋田ロックシティカーニバル出演 with ストリートスライダーズ、ＢＯØＷＹ、アップビート、ラフィンノーズ、バービーボーイズ　動員数八千人
十月一日　ワン・ツー・パンチ／第一弾　渋谷 LIVE-INN　動員数七百十一人
十月二十日　東北ツアー「ロックシティ　スペシャル86」
十一月　学園祭東京近郊七ヵ所
十一月二十七日　ワン・ツー・パンチ／第二弾　豊島公会堂　動員数九百七十九人……

この年、一九八六年で特に記しておかなければならない社会の出来事が二つ。ひとつは、四月二十六日、チェルノブイリ原発事故が発生している。この事故に対してブルーハーツは八八年に「チェルノブイリ」というシングルを発売することになる。もうひとつ。八六年は自殺者が続いた。二月に中野区の中学生が「葬式ごっこ」なるいじめを受けて自殺、四月にはアイドル歌手・岡田有希子が自殺した。彼女の自殺の影響で数十人が自殺した、と言われる。年末には新興宗教の信者七人が集団自殺した。もしできるならば、ハイロウズの名曲「ミサイルマン」（一九九五年）を八六年の世に大音響で流したい。「自殺するのが流行りなら／長生きするのも流行り／わがままを通す男／ミサイルマンが目を覚ます」。

暗い世相の一方で、ブルーハーツの観客動員は順調に伸びた。四月、ドラムスとして「梶くん」こと梶原徹也が加入している。前掲『別冊宝島　音楽誌が書かないJポップ批評20』より人物評を。「泰然自若。悟りきったような落ち着きは、ブルーハーツの安定剤としての役割をある程度果たしていただろうし、本人もそれを心得ていた。年齢的には4人の中では一番下だが、精神年齢は、ある意味、一番上だったのではないだろうか」。一九六三年九月生まれ、福岡県出身。筋金入りの仏教徒、とも。梶原は二〇一六年に刊行された、あるムックのなかで、ブルーハーツとの出会いの頃をこう述べている。

先輩のイベントにブルーハーツが出ていたので、チケットのもぎりをしながら、ライブを観せてもらったのが最初です。それで、メンバーにちょっと挨拶をして。でもライブを見た時は、あらゆる面で規格外で、正直理解不能でした（笑）。イメージとしてのパンクはトンがっているというか、怖いところもあったと思うんですけど、「人にやさしく」では、〈聞こえるかい　ガンバレ！〉とか歌っていて（笑）。その後に、「セッションをやるから曲を聴いておいて」とテープを渡されて、歌詞をちゃんと聴いたら、〃こんなことを歌っていたのか〃と感動したんですよね。やっぱり、パンク世代として同じものを感じました。〔中略〕

よく覚えているのは、マーシー（真島昌利）の「デビューして1年したら俺たちはローリング・ストーンズの前座をやって、ワールドツアーをやってるはず」という言葉ですね。それはずっと言ってました。「世界を変えるんだ」というよりは、「俺たちがデビューしたらすごいよ、世界変わるよ」みたいな、そういう自信に満ちていましたね。

（『私たちが熱狂した80年代ジャパニーズロック』辰巳出版、二〇一六年、一二〇－一二一頁）

世界は変わるのか。

一九八七年一月から「ハンマーツアー」がスタート。二月には自主制作でシングル「人にやさしく／ハンマー」をリリース。三月にはビデオ『THE BLUE HEARTS』も世に送り出した。

そしてメジャー・デビュー。バンド結成から二年。ライヴを重ねて、プロになった、ということだろう。契約した会社はメルダック。三菱電機の子会社だった。契約の際、「レコ倫があっても絶対に歌詞を変えないっていうのがデビューした時の条件なんです」という言葉が、『ドブネズミの詩《うた》』という語録集にある（角川書店、一九八八年、一八二頁）。一九八八年に角川書店から刊行されたこの「語録」は、一ページに（可能な限り）一行だけ印刷するという、彼らの言葉がほぼ俳句か短歌かのごとき扱いになっていて、私はたぶん十回以上は繰り返し読んでいるけれども、どの言葉が誰の言葉か、クレジットはない。すべてがブルーハーツの言葉である、という意味なのだろう。岡山弁になっているところは甲本のものだと推測され、東京の言葉になっている箇所で、突っ込んだ発言になっているものは、真島の言葉だろう。右のレコ倫云々はしたがって真島昌利の発言ではないかと思う。「レコ倫」とは、レコード制作基準倫理委員会の略。業界の内部規制である。言いたいことを言い、そして歌詞にする真島らしい発言だ。

ドブネズミの登場

メジャー・デビューシングル「リンダリンダ／僕はここに立っているよ」は五月一日にリリースさ

れた。

リンダリンダ（作詞・作曲＝甲本ヒロト）

ドブネズミみたいに美しくなりたい
写真には写らない美しさがあるから

もしも僕がいつか君と出会い話し合うなら
そんな時はどうか愛の意味を知って下さい

ドブネズミみたいに誰よりもやさしい
ドブネズミみたいに何よりもあたたかく

もしも僕がいつか君と出会い話し合うなら
そんな時はどうか愛の意味を知って下さい

愛じゃなくても恋じゃなくても君を離しはしない
決して負けない強い力を僕は一つだけ持つ

この歌を聴いたときの衝撃をどんなふうに説明していいのか、正直、いまでもわからないし、私の能力を超えているようにも思う。いま読んでも不思議な詩だ。この詩をあたらしくどう読むかはあとで試みるが、「リンダリンダ」に初めて接した衝撃を正しく表現した文章があるので、それをひとまず紹介しよう。

一九八七年か八年の夏だったと思う。当時つき合っていたガールフレンドの家に行くと、いきなり腕を摑んで引っ張り込まれ、無理矢理テレビの前に座らされた。「これ」と云いながら彼女はビデオのスイッチを入れた。ひどくあせって緊張している様子に、「?」と思いながら画面をみると、変なシャツを着た坊主頭の男が現れて歌い出した。数秒後に私は泣いていた。自分の両目から涙がぶわっと出たことに驚いて狼狽したが、その様子をみたガールフレンドはほっとした表情で台所に立って、夜御飯を作り始めた。私はその日の夜中まで、猿のようにビデオを繰り返し巻き戻して、その曲を聴き続けた。

そういうことだったのか、と私は思った。知りたかったこと、欲しかったことの全てがそこにあった。もう俺は、服を買ったり、髪型を気にしたり、本を読んだり、誤解を恐れたり、自分を守ったりしなくてもいいんだ、と思った。私は「自由」だった。そしてあんなにもあせって私に「これ」を観せようとしたガールフレンドのことを一層好きになった。その映像は日比谷野音で行われたザ・ブルーハーツ・ライブのもの、坊主頭の男は甲本ヒロト、その曲は「リンダリンダ」だった。

(前掲『別冊宝島　音楽誌が書かないJポップ批評20』、一三八頁)

書いているのは、歌人の穂村弘である。穂村はこのあと、いかに自分があの時代の「イメージ」と「自意識」によって「楽しく完全に殺されていた」かを述べるのだが、甲本ヒロトの、後ろにエビぞるようにして飛び跳ねる姿は、「リンダリンダ」の歌と切り離すことはできない。甲本が自由かどうかは、わからない。だが、甲本の「リンダリンダ」を観た私たちは、自分が自由であることを彼の姿から確信するのだ。それがその一瞬の出来事にすぎないとしても。これが曲の素晴らしさである。では、詩はどうか。

この歌の詩について語るとき、「ドブネズミ」ははずせない。私たちは「ドブネズミ」をどう考えているのか（むろん、考えないという立場は尊重する）。

まず、ドブネズミを隠喩と捉える立場がある。ドブネズミは何かの比喩なのだ、と。美しく、やさしいドブネズミ。甲本が音楽のために上京し、テキ屋の一員となって眉を剃り落としていた時期があったことは、第1章でも言及した。社会の周辺で生きる人々に彼は接した。ベタな連想だが、そうした人々のことを「ドブネズミ」と呼んでいたのではないか、と思う。断っておくが、彼らのことを、やさしいドブネズミ、と甲本はどんな場面でもはっきり言っていない。だがこれも第1章の高山のインタビューにあったことだが、「リンダリンダ」と一緒にできた曲が「ブルーハーツのテーマ」であったことも重視したいと思う。

ブルーハーツのテーマ（作詞・作曲＝甲本ヒロト）

人殺し　銀行強盗　チンピラたち

手を合わせる刑務所の中
耳を澄ませば　かすかだけど
聞こえて来る　誰の胸にも　少年の詩は

何か変わりそうで眠れない夜
君の胸は明日張り裂けるだろう
あきらめるなんて死ぬまでないから

BLUE HEARTS
ブルーハーツ　ブルーハーツ
ブルーハーツ　ブルーハーツ

何か変わりそうで眠れない夜
君の胸は明日張り裂けるだろう
あきらめるなんて死ぬまでないから

あきらめるなんて死ぬまでないから

ここでは前半に注意したい。「少年の詩」は誰の胸にも「聞こえて来る」、そのときの「誰」かとは、甲本の場合、まず「人殺し」であり「銀行強盗」であり「チンピラたち」なのだ。社会のなかで居場所を持たない（持つのが難しい）人々を、ドブネズミと呼んでいる——二つの歌を結べばそう読むことができる。甲本の目線の低さは際立っている。この位置から「死んじまえと罵られて／このバカと人に言われて／うまい具合に世の中と／やって行くことも出来ない／すべてのボクのようなロクデナシ」（「ロクデナシ」より）までの距離は近い。「ロクデナシ」は真島の詩だが、真島のほうにはポエジーがある。一方、甲本にはポエジーがない。だから隠喩で、一言で、語るしかない。刑務所のなかの人々こそがやさしいドブネズミなのだ、と。社会に居場所を持たないからこそドブネズミと呼ぶしかないが、彼らこそが美しいのだ、と。

　では甲本は、単に価値を転倒させているだけなのか。

　誰かが仕掛けた価値観を疑い、本当にいまある価値の体系だけが正しいのか、と疑うことは必要だったと思う。とりわけ消費社会に躍るバブル期においては。だが、このドブネズミ隠喩説では、人間から外にでることができない。人間の上下関係を紊乱することはできても、そこから外へは行けない。それで充分だという意見は認めよう。ただ、人間とネズミの等価性へと進むためには、さらに一歩進む必要があった。烏賀陽弘道は、右の歌を引用したあと、こう書く。

> 「写真には写らない美しさ」を讃える甲本の視点は、文字通り、物質世界以外の世界に価値を見つけだしている。また「ドブネズミ」を「美しいもの」のシンボルとして「そうなりたい」とまで言い切る彼の視線は、人間と人間以外の生物をイコールととらえるアニミズム的発想そのものだ。

では、ドブネズミと人間の何がイコールなのか。「命」である。人間もドブネズミも「いきもの」であるという点では等価だ。が、その共通項である「命」は目には見えない。その「命」こそが「目には見えないが、何より貴重で美しい」と、この歌は言っている。ここではドブネズミ＝「不潔なもの」「人間より劣ったもの」「無価値なもの」という世俗の価値観が覆されている。

さらに突き詰めて解釈すれば、こうも言える。命あるものは、命があるというただそれだけで美しく、貴いものだ。この世のいきもので、生きているというだけでは満足できずに、必死になって物質的享楽を追い求めているのは人間だけではないか。それが人間と動物の差である「知能」だとすれば、「知能」を持った人間の方が動物より本当に「美しい」と言えるのか。

（烏賀陽弘道『Jポップの心象風景』文春新書、二〇〇五年、一一〇頁）

後半に書かれている「命あるものは、命があるというただそれだけで美しく、貴いものだ」という視点は、たしかにブルーハーツの歌にずっと流れている、あえて言うが「思想」であるし、オウム真理教の信者である女性とブルーハーツとの交錯から説き起こす烏賀陽の文章には、頷くところも多くあるけれども、日本人がひろく持っている仏教的心性へと歌詞の意味を引っ張っていこうとする意思が強い。そういう方向で議論が組み立てられている。

言葉にならない違和感を抱えて、私はこの歌に接してきたのかもしれない。人間とドブネズミの「命」の等価性、と言われると、なるほどそうかもな、と思う。ただ、私の違和感を少し言葉にしてみるならば、ドブネズミはドブネズミであり、人間と同じ命に還元されない、というか、命という意味で同じ価値なのだ、という思想は理解できるが、ドブネズミは、ドブ、ネ、ズ、ミ、と、し、て、美しいしやさしいのではないか、という、もやもやした感覚がついてまわった。ドブネズミとして、という感覚がどういうふうに言えるのか、私にはわからなかった。でも甲本の歌を聴くと、いつもドブネズミはドブネズミとして美しいのである、と歌っているように思えた。とてもそうはなれないから、美しくなりたいと歌っているように思えたのだ。笹塚の、バトミントンの羽根の工場の跡のだだっぴろい空間で、チロチロと走りまわるネズミの、文字通り鼠色の毛とツンとすました表情が、甲本の目と鼻の先をかすめなかっただろうか？　そしてそのとき、甲本はドブネズミのしなやかさや敏捷性に憧れなかっただろうか？　美しさはそのものとしてそこにあったのでなかったろうか？

どうやら私は、ドブネズミを隠喩としてではなく、まごうかたなきドブネズミとして聴いていたようだ……。

ファースト・アルバム

「解釈」まわりの記述が長くなった。いったん、一九八七年に戻ろう。

五月二十一日　ファースト・アルバム『THE BLUE HEARTS』発売

七月四日　日比谷野外音楽堂。チケットは即日ソールド・アウト。急遽立見席を用意する。動員数は三千三百八十二。東京以外のイベントに精力的に参加。新潟、札幌、京都、大阪、名古屋、仙台（菅生）、盛岡と続く

九月二十六日　再び日比谷野外音楽堂2ＤＡＹＳ。両日合わせて、六千百二十二の動員

十月一日　「ドブネズミツアー」、スタート（全国四十公演）
十一月二十一日　セカンド・シングル「キスしてほしい／チェインギャング」発売。同日、セカンド・アルバム『YOUNG AND PRETTY』発売
（『ブルーハーツが聴こえない』資料より）

ファースト・アルバムはセルフ・プロデュースだった。収録されている曲は、次の通り（曲名のあとに作詞者の名を）。①「未来は僕等の手の中」（真島）、②「終わらない歌」（真島）、③「NO NO NO」（甲本）、④「パンク・ロック」（甲本）、⑤「街」（甲本）、⑥「少年の詩」（甲本）、⑦「爆弾が落っこちる時」（真島）、⑧「裸の王様」（真島）、⑨「ダンス・ナンバー」（真島）、⑩「君のため」（真島）、⑪「リンダリンダ」（甲本）。

いずれも名曲ばかりの三十三分五十九秒だが、このアルバムの衝撃を音楽評論家はどう見ていたのか。北中正和はこう書いている。

ザ・ブルーハーツは、レコード・デビュー前から話題を呼んでいたので、ぼくは「人にやさしく」のシングルから聴いて、次の「リンダ　リンダ」もおもしろいと思っていたが、デビュー・アルバムで「パンク・ロック」という曲に出合ったときは、よろめきそうになった。というのは、演奏面やルックスでは、クラッシュなどのイギリスの威勢のいいパンク・ロックの影響を受けた彼らが、〝パンク・ロックが好きだ～〟と、唱歌のように無邪気にうたっていたからだ。

それは社会への反逆を売物にしていた70年代のパンク・ロッカーなら、冗談じゃねぇ、と言いそうな歌だった。しかしザ・ブルーハーツの何のてらいもない素直な歌から受けた印象は、意外

にさわやかだった。パンク・ロックの形骸化が進んだ80年代には、彼らのこのポップな歌のほうが、よほどパンクの精神を受け継いでいると思った。常識にとらわれまいとする彼らの姿勢は、「ダンス・ナンバー」のような歌にもはっきり見られる。ワイルドなはぐれ者という意匠とはうらはらに、彼らの音楽はいたってまじめで素直で優しかった。

四分音符の連続するメロディに一音ずつていねいに言葉をのせていく甲本ヒロトの童謡のようなボーカルにも驚いた。彼の歌には、70年代にはっぴいえんどから矢沢永吉やサザンオールスターズまでが悪戦苦闘してきたロック・ボーカルの流れとはいったい何だったんだろうと、あらためて考えさせられたりもした。

というわけで、ぼくはこのアルバムを聴いたときほど時代の変化を実感したことはない。

（北中正和「DISCOVER JAPAN　第12回」、『FM fan』二〇〇一年五月二十八日号、共同通信社、五三頁）

パンク・ロック（作詞・作曲＝甲本ヒロト）

吐き気がするだろ　みんな嫌いだろ
まじめに考えた　まじめに考えた

僕　パンク・ロックが好きだ
中途ハンパな気持ちじゃなくて
本当に心から好きなんだ

僕　パンク・ロックが好きだ

友達ができた　話し合えるやつ
何から話そう　僕のすきなもの

僕　パンク・ロックが好きだ
中途ハンパな気持ちじゃなくて
ああ　やさしいから好きなんだ
僕　パンク・ロックが好きだ

僕　パンク・ロックが好きだ
中途ハンパな気持ちじゃなくて
本当に心から好きなんだ
僕　パンク・ロックが好きだ

僕　パンク・ロックが好きだ

北中が指摘するように、この歌は「パンク・ロック」が好きだ、というただそれだけを歌っているようにみえる。パンクが内在的に持っていた社会批判などいっさいなく、個人の感情を一点だけ主張しているように思える。だが冒頭の「吐き気がするだろ」「みんな嫌いだろ」という言葉はむろん、パンク・ロックに対する世間の認識を言っている。でも「僕」は「やさしいから好きなんだ」と語る。「やさしいから」好き、という論理は、「ドブネズミ」と同じである。世間のみんなにどんなに忌避されようと「やさしい」から好き、という構造は、「リンダリンダ」と同じである。もうひとつ、余計なことを書けば、「パンク・ロック」を語ることで友だちと繋がろうともしている。「話し合える」と。ここに現われている「話し合い」という言葉は、ブルーハーツの詩のひとつの鍵だと私は思う。話し合って、友として関係を作れる人。私はこれを「友愛の共同体」と呼びたいと思っている。愛や恋や性愛を抜きにしてできる共同体。「リンダリンダ」では、「愛じゃなくても恋じゃなくても君を離しはしない」と歌っていたではないか。愛でも恋でもないなら、君を離さないのは、そうした感情を抜きにした何かなのだ。この特徴がもっとも顕著に表れているのは、「街」という曲だ。甲本ヒロト作詞・作曲。

アスファルトだけじゃない　コンクリートだけじゃない
いつか会えるよ　同じ涙をこらえきれぬ友達と
きっと会えるよ

毒ガスばかりじゃない　ドロ水ばかりじゃない
いつか会えるよ　同じ気持ちで爆発しそうな仲間と
きっと会えるよ

その時　おまえには　何が言えるだろう
その時　友達と　何を話すだろう

見せかけばかりじゃない　口先だけでもない
いつか見るだろう　同じこぶしをにぎりしめて立つ人を
きっと見るだろう

その時ぼくたちは　何ができるだろう
右手と左手で　何ができるだろう
命あるかぎり　忘れてはいけない
今しかぼくにしか　できないことがある

いまだ未来形でしかないけれど、「ぼく」はいつか「ぼくたち」と複数形になる。「同じ気持ちで爆発しそうな仲間」はいまはまだ会っていないし、「話し合って」もいないけれど、いつか必ず現われる……。意外かもしれないが、「仲間」という言葉はきわめて珍しい。甲本の詩では、これ一回きりである。では、この友愛の共同体は、何のために創られようとしているのか。私たちの前には、それを議論するための素材がまだ揃っていない。もう少し待たねばならない。

七月四日、日比谷野音

さて、一九八七年の出来事のなかであと二つ、どうしても語らなければならないことがある。まず、七月四日の日比谷野音でのライヴ――。

甲本はライヴの前から感情を抑えきれないようにみえる。いつものライヴとは別の緊張感が場を支配している……。先立つこと三ヵ月前の、四月十九日。同じ日比谷野音。パンク・バンドのLAUGHIN' NOSEのライヴで事故が起こった。ステージに詰めかけた観客が折り重なり、結果的に死者三名、怪我人二十名を出す大惨事となった。ライヴは中断され、主催者は、警備上の不備を責められる。メディアは喧騒状態に。ロックバンドのライヴのありかたが問われる、そんななかでのライヴだった。警備員が通路の縦横に配置されていた。ステージと客席の間には障害物（鉄柵）が置かれ、容易なことでは近づけないよう配慮された。四人は不本意だったろう。窮屈さを何よりも自由の喪失として糾弾してきた人間ならば、当然のことだ。客に暴力を振るうような警備ならば、僕たちはライヴをやる意味はありません、と甲本と真島はスタッフに訴えている。梶原は直筆の「手紙」を会場のファンに配布した……。

ブルーハーツのマネージャーを務めた谷川千央は、警備と音楽に関して神経を尖らせていたブルーハーツについて、こう回想している。

ほんとにマイペースで好き勝手にやってたんだけど、ただ……ラフィンノーズの日比谷野音の死亡事故があったじゃない？　あの時だけは、僕らも神経質にならざるを得なくて。あの事故の直後に、豊島公会堂2デイズだったんですよ。メンバーとフリップリイドと事務所とで警備をどうするかっていう話をして。そしたらマーシーが激怒しちゃって、「ガードマン的な過剰な警備をやるんだったら俺はライブやりたくない」って。ヒロトが「ワイもイヤじゃなあ。でも、ケガ人を出したら終わるっていうのもわかるから、何か考えなきゃな」って話をして、最終的には警備員は全員ステージに手をついて首を下げて、客席には背中を向ける、だから暴れるお客に対しても手出し出来ない、っていう風に決まった。警備の行き過ぎで元気なファンを殴る、ってのを恐れたから。実際会場に豊島署の刑事も居たしね。ラフィンはあの事故によって、全国の公文協（全国公立文化施設協会）の会場でライブができなくなったわけ。だからジャグラー〔事務所名〕としては、「絶対ブルーハーツはそうさせない。調子こいてケガ人出すんじゃねえぞ」って皆殺気立っていて。

（前掲『私たちが熱狂した80年代ジャパニーズロック』、一三〇頁）

薄暮——。「どうやら、どうやら、どうやら、この、鉄の檻は、人の心までは縛れんようじゃな」。全身、汗まみれの甲本が叫んで、歓声に包まれる。鉄の檻とは、観客とステージを分ける柵のこと。「ざまあみろ」。甲本は再び叫ぶと、「未来は僕等の手の中」が始まる。歌は「孤独」の確認から始まる……。

未来は僕等の手の中（作詞・作曲＝真島昌利）

月が空にはりついてら　銀紙の星が揺れてら

誰もがポケットの中に　孤独を隠しもっている
あまりにも突然に　昨日は砕けていく
それならば今ここで　僕等何かを始めよう

生きてる事が大好きで　意味もなくコーフンしてる
一度に全てをのぞんで　マッハ50で駆け抜ける
くだらない世の中だ　ションベンかけてやろう
打ちのめされる前に　僕等打ちのめしてやろう

未来は僕等の手の中!!

誰かのルールはいらない　誰かのモラルはいらない
学校もジュクもいらない　真実を握りしめたい
僕等は泣くために　生まれたわけじゃないよ
僕等は負けるために　生まれてきたわけじゃないよ

冒頭、「銀紙の星が揺れてら」は、中原中也「星とピエロ」からの援用。「何、あれはな、空に吊した銀紙ぢやよ／かう、ボール紙を剪《き》つて、それに銀紙を張る、それを鋼か何かで、空に吊し上げる、するとそれが夜になつて、空の奥であのやうに／光るのぢや。分つたか、さもなけれあ空にあんなものはないのぢや」。すでに、中也よりも真島の詩のほうが知られているかもしれない。

「ブルハの二枚目がいちばんいいよな」

そして、十一月にセカンド・アルバム『YOUNG AND PRETTY』がリリースされる。前述したようにプロデューサーは佐久間正英。佐久間といえば、私のような年配者には、四人囃子やプラスティクスのメンバーとして、私よりやや若い層には、JUDY AND MARYや黒夢などのプロデューサーとして勇名を馳せた人物。収録曲は以下の通り。①「キスしてほしい（トゥー・トゥー・トゥー）」（甲本）、②「ロクデナシII（ギター弾きに部屋は無し）」（真島）、③「スクラップ」（真島）、④「ロクデナシ」（真島）、⑤「ロマンチック」（甲本）、⑥「ラインを越えて」（真島）、⑦「チューインガムをかみながら」（真島）、⑧「遠くまで」（真島）、⑨「星をください」（甲本）、⑩「レストラン」（甲本）、⑪「英雄にあこがれて」（甲本）、⑫「チェインギャング」（真島）。

セカンド・アルバムの詩の特徴は明白だ。ティーンズにじかに訴える力を前作よりも強烈に持っていること。「ロクデナシ」と「チューインガムをかみながら」、「英雄にあこがれ」、そして「チェインギャング」がそうだ。ライヴに足を運んだ高校生の声がある。

私は現在高校生でただ黙々と学校へ通っている。毎日毎日言葉に出来ないくらい苦しい、よくわからない大きな力に動かされているのをただ漠然と感じながら「今」もなく生きてる。何かやりたい本気で。今しか出来ないこと。今しか考えられないってことはきっといっぱいあるのだと思う。本当の気持ち、怒り……言葉にならないまま押しつぶされて跡形もなく消されていく。こんな中じゃ、もう誰も疑問さえ持つことはないのだ。冒険をしながら人はいろんな事を学んで、優しい人間になっていくのだと思う。だけど、そんな回り道はもう誰も自らしようとしない。怖いのだ。私も含めて。

（前掲『僕の話を聞いてくれ』、二〇八頁）

「今」もなく生きてる、という言葉が刺さる。その「今」を注入してくれる存在としてブルーハーツはあった。

ロクデナシ（作詞・作曲＝真島昌利）

役立たずと罵られ　最低と人に言われて
要領良く演技出来ず　愛想笑いも作れない
死んじまえと罵られて　このバカと人に言われて
うまい具合に世の中と　やって行くことも出来ない
全てのボクのようなロクデナシのために
この星はグルグルと回る
劣等生でじゅうぶんだ　はみだし者でかまわない

お前なんかどっちにしろ　いてもいなくても同じ
そんな事言う世界なら　ボクはケリを入れてやるよ
痛みは初めのうちだけ　慣れてしまえば大丈夫
そんな事言えるアナタは　ヒットラーにもなれるだろう

全てのボクのようなロクデナシのために
この星はグルグルと回る
劣等生でじゅうぶんだ　はみだし者でかまわない

誰かのサイズに合わせて　自分を変えることはない
自分を殺すことはない　ありのままでいいじゃないか

全てのボクのようなロクデナシのために
この星はグルグルと回る
劣等生でじゅうぶんだ　はみだし者でかまわない

音楽をじっさいに聴いてもらえば即座に了解されるが、「劣等生でじゅうぶんだ　はみだし者でかまわない」は、言葉の音とメロディの音とが一対一に対応している。詩として真島昌利の持つ性質のひとつをよく表している。劣等生で「じゅうぶん」ではみ出し者で「かまわない」のだ。「じゅうぶん」であり「かまわない」という言い方は弱い。「劣等生」がいいわけでもなければ、すばらしいわけでもない。人から与えられたネガティヴな現状を、ひとまず肯定する、というぐらいか。「ありのままでいい」と自分を肯定する。でも、ありのままの自分っていったい……？　と問いは続く。ありのままの自分を問い詰める。ありのままの自分を問う自分。問いに答えはない。答えのない問いを抱えたまま、人は生きているし、生活している。そしてときには問いを確認しにライヴに行く。ブルーハーツの詩には、世界を一発で変革する意志が希薄だ。現状を是認し、それでいいと認め、素朴な言葉で応援する。ライヴに来た人の心情を代弁し、大きな声にして「世界」にぶつける。その繰り返しだ。シンプルな繰り返しだからこそ彼らの詩には力がある。詩に思想性はない。レナード・コーエンは言っていたではないか。思想や観念を掴むことが問題なのではない、と。そうではなく、そこで鳴っている音楽が感情の博物館になっていることが重要なのだ。孤独や哀しみがそこに保持されていることが重要なのだ。

そもそも人はなぜライヴをやったり、ライヴに行ったりするのか。そこで歌う人や演奏する人がいて、踊って享受する人がいる。静かに聴き耳を立てる人もいる。そこには一瞬の共同体が生まれている。永遠に続くもの、変わらないものなんかない。そこに一人のロックスターがいて、その個人に向き合う人の波がある。できればそのときロックスターから放たれる言葉は垂直性のないものがいい。神の御託宣のように、降って来る言葉じゃないほうがいい。水平性をもって言葉が流通したほうがいいに決まっている。だから何かを決めて振り下ろすことは避けたい。言葉がハンマーのように観客に振り下ろされることを避けるために、真島は言葉を押しつけない。ライヴの共同性はすぐに解消される。音楽が消えれば消えてしまう。だが身体と精神の奥に記憶として残る。記憶を介して別の共同性が生まれればいい。記憶で繋がって、友愛の共同体ができればいいのだ……。ブルーハーツと同じ時期に活動していた、アフロビートの印象的なバンドにJAGATARAがある。ヴォーカルの江戸アケミは、ライヴに来た客に向って、JAGATARAのライヴなんか来なくていいんだよ、仲間を作れ、仲間を作れ、と繰り返した。ずいぶんな言葉だ。だがいまなら少しわかる。音楽の共同体が一瞬のものである以上、ライヴが終われば私たちはバラバラの存在だ。明日の朝には、胸に抱えている問いは問いのまま残っていることが確認されるだろう。そのとき垂直性を求めてはいけない。水平性の裡に、仲間を見つけること。友愛の共同体とはそういう意味だ。

ブルーハーツのライヴに来た高校生や中学生の言葉を読みながら、その真摯さに驚きつつも、ライヴに来ない若者のことは結局わからないものと諦めていた。嫌々ながら学校に通い、管理教育の悪口が言える者はいい（八〇年代は、この国の行き過ぎた管理教育と体罰が長く問題視された時期でもある）。しかしそこからはじかれてしまった者たちはどこにいるのか。居場所はあるのか。ブルーハーツは彼らのことを歌っているのではなかったか。前掲『僕の話を聞いてくれ』にたった一箇所、そうした若者（と思われる者）の感想が載っている箇所がある。それは、管理教育を告発する書物を上梓したばかりのノンフィクションライター、藤井誠二が、東京・足立区で起こった、女子高生をコンクリート詰めにして捨てるという凄惨な事件（一九八九年）の背景を探ろうとして、深夜の街を歩き、少年たちに話を聞いたあとの場面。教員の様々な理不尽な暴力にさらされて、学校から排除された少年たちが夜の街に消えていく姿を反芻するうちに、不意に思い出すのだ。

彼らがブルーハーツが好きだといっていたのをぼくはアパートに帰ってから思いだした。何かの会話のはずみで音楽の話題がでて、「ブルハの二枚目がいちばんいいよな」と誰かがいって、「オレも」ととなりの誰かがうなずいていたっけ。

〔中略、「ロクデナシ」の引用あり〕

ああ、あいつらのことだ、とぼくは思った。あいつらの気持ちだ、あいつらの心だ。ぼくは思わず胸の内側が熱くなって、目のなかが充血してくるのがわかって、深いため息が出た。

（前掲『僕の話を聞いてくれ』、二〇〇頁）

真島の詩は、彼らに届いていた。むろん彼らがブルーハーツのライヴに足を運ばないとは限らないけれど……。甲本はライヴでこう語っている。「この会場には仕事やっとる奴、やっとらん奴、学校行っとる奴、行っとらん奴、いろんな人がおると思うけど、お前らはライヴを見に来とる、俺らはライヴをやりに来とる、それで問題なかろう」（前掲『ドブネズミの詩』、二八頁）。

「レストラン」の衝撃

セカンド・アルバムのなかで「レストラン」という曲は一風変わっている。他の曲との違いは、この曲がスカのリズムでできていることだ。ジャマイカ由来の軽快なテンポだが、詩にも大きな特徴がある。いや、この詩こそ、真に注目されるべきと思う。

レストラン（作詞・作曲＝甲本ヒロト）

レストラン　レストラン
レストランに行きたい
カツ丼　サラダ　冷やっこ
お腹いっぱい

明日　保健所が来たら
捨てられちゃうよね　僕たち
レストラン
レストランに行きたい
レストラン
レストランに行きたい
カツ丼　サラダ　冷やっこ
お腹いっぱい

明日　どこかの交差点で
ひきにげされちゃうかも
みんなが笑ってる

カツ丼　サラダ　冷やっこ
お腹いっぱい

主語は最初から最後までない。「レストラン」に行きたいと思っているのはひとまず人間と考えてスタートするが、「カツ丼」「サラダ」「冷やっこ」あたりまで違和感なく、人間が食べるものと判断して聴いている。だが、「明日　保健所が来たら」というくだりで、主語が人間ではなくなっている。「僕たち」はおそらく、犬か猫か、あるいはドブネズミである。「レストラン」に行きたいと思っているのは、人間以外の生物であり、そうした生物が「レストラン」に行きたいと思うかどうか、ひとまずどうでもいい。腹いっぱい食べたい、でもきっと思いを遂げることなく、保健所に送られる。いま、どこにいるのか、甲本は書かない。だが仮にいまいる場所を逃げ出したとしても、「どこかの交差点」で「ひき逃げ」されてしまうに決まっている。ひき逃げされたネズミや猫の画が私たちの脳裡をよぎる。そうした動物をみた経験をみな持っているはずだ。「みんな」とは人間のことで、ひき逃げされた主人公を、笑いながら人間どもが見下ろす……。「レストラン」という曲が、プロデューサーの佐久間も認めるように、「ちょっとない視点」で書かれているのはその通りであり、動物の側からの目線で事柄が捉えられているのだ。いわば、動物の内側から外へ向けられた目が、人間社会を捉えていることになる。

私が本当に驚いたのは、この詩の視点が動物、いや、もうあえて書くが、ネズミの内側に置かれていたことである。ドブネズミは保健所で死ぬか、どこかの交差点で轢き逃げされている。死んでしまったか、これから死ぬところであろう。ドブネズミは死を怖れない。死という観念がないからだ。内側から外にある人間世界を眺めているだけである。しかし、甲本は、ドブネズミの美しさやさしさを知っていたからこそ、ドブネズミの内側からの視点を獲得できたのではなかろうか。そして、ようやく話は小説『ペスト』とドブネズミの関係に到るのである。

ドブネズミの思想的系譜

とその前に、ひとつ迂路を。

甲本はおそらく気づいていなかったと思うが、ドブネズミは二十世紀に限っても、様々な思想家や作家を魅了してきた。ドブネズミ――いや少し拡大して「ネズミ」としてみたいのだが――は、ずっと声を奪われた民衆、抑圧された人々、搾取される労働者たちを表象する存在だったのだ。これは洋の東西を問わない。

たとえば、評論家の平岡正明は、こう書いた。

ねずみは神聖な人類文明のいたるところに入りこむ。ホテルから、飯場から、官庁から、駅から、印刷所から、地下水道から、屋根裏から、寄宿舎から、キャバレーから、広場から、学校から、乗物から、木賃宿から、団地から、コーヒー屋から、路地から、新聞社から、組合事務所から、郵便局から、スラムから、個人住宅から、オフィスから、商店から、工場から、警察から、城から、台所から、便所から、スカートの中まで、神聖人類のゆくところすべてに、ねずみは、深く、騒々しく潜入する。それだけではない。ねずみは人類の脳髄に住み、電線の中に住み、虚空にさえ住む。そしていまや、あそこでカサコソ、こちらでカサコソ、ななめでカサコソ、空中でカサコソ、足下でカサコソ、あのかあいらしい前肢でさえ、かあいらしい神経質な目をキョトつかせ、かあいらしい牙牙でつつしみ深く、神聖な文明をかじりちらしている。そしてまたもや、側溝の中で、穴の中で、ヒューム管の中で、ゴミ捨場の中で、ボロの中で、繁殖し、繁殖しつづけている。

（平岡正明『犯罪あるいは革命に関する諸章』大和書房、一九七三年、九‐一〇頁）

平岡は「同志諸君、繁殖せよ！」と呼びかける。ネズミのように、深く潜行し、噛みちらし、逃げまくれ、騒げ、暴れろ、と煽動する。

あるいは、作家・永山則夫。

『人民をわすれたカナリアたち』（辺境社、一九七二年）で、永山は、自覚した「ルンペン・プロレタリア」とは、「政治的諸目標を徹底的に破壊するテロリスト集団」であり、「地下生活者の魂を発起し、あくまでも地下組織を通じてドブネズミの如く都市を動揺せしめよ」と説いた。

そして、フランツ・ファノン。植民地主義を強烈に批判し、アルジェリアの独立運動に大きな役割を果たした革命家は、主著『地に呪われたる者』のなかで、ふいに「鼠」という語を書き込む。

ルンペン・プロレタリアートの形成は、本来の論理に従く現象であって、宣教師の膨大な仕事も、中央権力の発する法令も、その進行を阻止することはできない。このルンペン・プロレタリアートは、鼠の群のように、足で蹴ろうが石を投げようがやはり木の根をかじりつづけるのである。

（フランツ・ファノン『地に呪われたる者』新装版、鈴木道彦・浦野衣子訳、みすず書房、一九九六年、一二五頁）

彼らの系譜の先には、映画『ウィラード』を観るドゥルーズ＝ガタリをはじめ、いまなお多くの水脈が網の目のように走っている。

小説『ペスト』とドブネズミ

この本を書こうと思った理由のひとつは、これもすでに述べたように、二〇二〇年、世界が新型コロナウィルスに覆われたせいである。ワクチンを作り出すこともできなければ、重要な政策決定に関与することもできない私たちにできることは、ごく少ない。過去の事例を参照するしかない。

そんな民衆の思いが顕在化したのか、フランスのノーベル文学賞作家、アルベール・カミュの書いた小説『ペスト』が時ならぬ世界的なベストセラーとして復活した。原著は一九四七年。北アフリカのアルジェリアにあるオランの街で、医師のリウーが死んだネズミを発見するところから始まる（以下の箇所は、正確には「冒頭」ではない。オランの街を概説する文章がしばらく続いたあと、ネズミのシーンが記述される）。

四月十六日の朝、ベルナール・リウー医師は、自分の診察室を出たところで死んだネズミに躓いた。踊り場のまん中だった。瞬間、一顧だにせず、その獣を脇に押しやると、階段を降りた。だが通りにでると、ある考えが彼を捉えた。あのネズミはほんらいの居場所ではないところにいなかったろうか、と。リウーは踵を返すと、管理人に一言注意しようと戻った。年取ったミシェル氏は反発した。リウーはその反発に接して、自分が発見したものが異様な何かを含んでいるといっそう感じた。リウーにとってネズミの死骸はたんに一風変わったものにすぎなかったが、管理人にしてみれば一個のスキャンダルだった。それゆえ、管理人のポジションは断固としたものだった。この建物にネズミはいない、というのである。二階の踊り場に、おそらくは死んだネズミがいた、といくらリウーが言っても、ミシェル氏の確信は揺るがなかった。この建物にネズミはいなかった、だから、ネズミは外から持ち込まれたに違いない。つまり、悪戯なのだった。

(Albert Camus, *La peste*, Gallimard, 1947, folio, p. 15. 拙訳)

死んだネズミは語らない。どうしてそこにいるのか、語る術を持たない。人間たちはネズミの死をあれこれ解釈する。「ほんらいの居場所」ではないところで、どうして死んでいるのか、と医者は考える。管理人にしてみれば、ネズミが踊り場で死んでいること自体、「スキャンダル」でしかない。掃除の不徹底を指弾されるかもしれない。職務怠慢で減給される可能性だってある。二人の人間の視点には、当たり前だが、人間の立場上の視点しかない。結果的に死んだネズミは、ペスト菌を媒介する存在として認知されるのだが、右の箇所ではまだそれほどの重要性を帯びていない。事情は数日で一変する。

だが、その後の数日間で、状況は深刻化した。拾い集められるネズミたちの数は増えてゆき、毎朝、採取量はより多くなった。四日目以後、ネズミたちは外へ出てきて集団で死にはじめた。隠れ家、地下室、カーヴ、下水渠、あらゆる場所からよろめきながらも長い列をなして這い上がってくる。明るい光のもとでふらつき、ぐるぐる回転しながら、人間のそばで死んでいく。夜になると、廊下や通りで小さな断末魔の叫びがはっきりと聴き取れた。朝になると、街区では、尖がった鼻先に小さな血の花を咲かせたネズミが排水溝を充たしていた。膨れ上がって腐りかけているものもいれば、ひげをぴんとさせたまま硬くなっているものもいた。（前掲、拙訳）

小さな通りや廊下で、ネズミは何を叫んだのか。「断末魔の叫び」声は何を訴えていたのだろうか。「レストラン」で死んでいく未来しか待っていないネズミを内側から描くことのできた甲本ヒロトならば、ここで死んでいくネズミたちの叫びを精確に聴き取れたのではないか、と私は思う。むろん、ネズミに過剰な意味づけなどすべきではないのかもしれない。小説は以後、ネズミの描写よりも、ネズミによって人間の世界に持ち込まれたペスト菌が人間をネズミのように殺し、それに対して、人間がどう連帯していくのかを描くのであるから、もうこれ以上、ネズミに拘泥するのは無理筋だろう。だがネズミにはネズミの世界があったはずであり、小さな巣穴を作り、世界中に秘かにネットワークを張り巡らしていたネズミは、端的に敵ではない。ネズミやペスト菌や、お望みならばコロナウィルスを、「敵」として対立構造を作り、私たちは戦争状態にある、と声高に叫ぶ連中にこそ最大限の注意を払うべきなのだ。じっさい『ペスト』の最後、リウー医師は、ペストと人間の共存こそが忘れるべきではない事実として認識しているのである。ペストを一時的に制圧したとして人間たちは歓喜の声を挙げている、まさにそのときに――。

　じっさい、街じゅうから挙がってくる歓喜の叫びを聞きながら、リウーは、この歓喜がつねに脅かされていることを思い出していた。なぜなら、喜びに沸くこの群衆が知らないこと、何冊かの書物のなかに読まれうることを、彼は知っていたからだ。ペスト菌が死ぬわけでもなければ、けっして消えてなくなるわけでもなく、菌は、何十年というあいだ、部屋やカーヴ、トランクやハンカチや紙くずのなかに留まりつづけ、おそらくは、人類に不幸と教訓を与えるために、ペストが彼のネズミたちを覚醒させ、幸福な街でネズミを死なせに寄越す日がやってくるだろうということを。（前掲、拙訳、傍点引用者）

　言ってしまえば、ネズミもペスト菌も敵ではなく、つねにそこにいる。人間中心の世界観のなかではみえないだけのことだ。だからこそ人間中心ではない世界観の獲得こそが何よりも必要で、二〇二〇年を生きる私たちは、「リンダリンダ」にこそ、その秘密の鍵があることを確認するのだ……いや、そんな大袈裟なことじゃなくてもいい。『ペスト』のネズミたちの姿――その無残さ――を読んで、いやそうじゃないだろ、ネズミにもう少し敬意を払えよ、と思ったとすれば、「リンダリンダ」や「レストラン」を歌う甲本の声が、着実に私たちの脳に響き渡っているからではないか。

もうひとつの『異邦人』

ついでなので、もう一点。あとに述べる（第4章）こととも関わりがある。私が、ネズミの側からみた『ペスト』の必要（つまり甲本的視点）を考えるようになったのは、やはりアルベール・カミュの代表作『異邦人』に応答した、ある小説を読んだことがきっかけだ。書き出しは――。

今日、マーはまだ生きている。

彼女はもう何も言わない。でも、話そうと思えばいくらでも話すことができるだろう。この物語をさんざん繰り返したせいで、ほとんど何も思い出せなくなった僕とは正反対だ。

つまり、半世紀以上も前の物語ってことなんだ。それが起こったときには、みんなその話でもちきりだった。いまもその話をする人たちがいる。でも思い出すのはたった一人の死者のことだけ――恥知らずだと思わないかい、死んだのは二人だっていうのに。ああ、二人だ。もう一人が省かれた理由だって？　一人目は話をすることができたんだ。自分の犯罪を忘れさせることができるくらいね。その一方で、二人目は哀れな文盲、まるで銃弾に撃たれて塵に帰るためだけに神がお創りになったみたいだった。自分の名前をもらう暇さえなかった名無しだよ。

まず言っておきたいんだがね、二人目の死者、殺された方は、僕の兄なんだ。彼には何にも残されちゃいない。彼の代わりに話をするのは僕しかいないんだ。このバーに座って、絶対に述べられることのないお悔やみを待ちながらね。笑ってくれてもいいが、これは僕の使命みたいなものなんだよ。お客がひけていくのに舞台裏の沈黙を転売しようってのは。そもそも僕がこのことば《ラング》を話したり書いたりするのを学んだのはそれが理由なんだ。死んだ人の代わりに話をして、彼の台詞の先を少し続けるためなのさ。人殺しのやつは有名になって、その物語はあんまり上手く書かれてたもんだから、僕は真似しようって気にもならなかった。それはやつに属するやつのことばだった。そういうわけで僕は、独立後のこの国でみんながやったことをやろうとしている。つまり、かつてのコロン〔植民地期の欧州系住民〕たちの家からひとつひとつ石を取っていって、それで自分の家を、自身のことばをつくるんだ。

（カメル・ダーウド『もうひとつの『異邦人』――ムルソー再捜査』鵜戸聡訳、水声社、二〇一九年、九 - 一一頁）


周知のように、カミュの『異邦人』の主人公ムルソーは、海辺でアラブ人を撃ち殺す。これといった理由はない。「太陽のせい」などと言ったりする。不条理の文学と言われる。ムルソーは有名であり、自分で自分の罪について話すことができる。だが、殺されたほうはたまらない。理不尽な理由（理由なき理由?）によって殺害されて、名前さえ剝奪されたままだ。だから、殺された名もない人間に代わり、その弟が『異邦人』を裏側から語る、というコンセプトで右の小説はできている。虐げられ、言葉さえ発することなく、蹂躙された存在――そこに光を当てること。同じくカミュの『ペスト』におけるネズミ、ひいては、「リンダリンダ」のドブネズミがもし話すことができれば、右に引用したようなことを話すのではないか? 無理な連想であることは承知。だが、ブルーハーツの詩は、様々な連想を繫げても最後の最後まで、声を出しづらい者たち、声を奪われている者たちの側に立っているように、私には思える。

言わずもがなのことをひとつ。いまの引用文の冒頭、「今日、マーはまだ生きている」は、『異邦人』の超有名な冒頭、「今日、ママンが死んだ」を踏まえている。

さて、一九八七年も終わりだ。この年の社会を少しだけ写し取っておこう。四月、国鉄が分割民営化され、JR六社が発足している。五月には『朝日新聞』阪神支局が襲撃を受けて、記者二名が死傷した。十月、ニューヨーク株式市場が暴落（ブラック・マンデー）。十一月、竹下登内閣、発足。年末には、一ドルが百二十二円となり、最高値を記録している。そういえば、この年の三月、安田火災海上保険が、ゴッホの晩年の絵画「ひまわり」を約五十三億円で落札する。バブルを象徴する出来事だった。

第3章　チェルノブイリには行きたくねぇ

二〇一二年七月七日。土曜日。

私は千葉の幕張メッセにいた。「NO NUKES 2012」と題されたフェス。アジアン・カンフー・ジェネレーションもソウル・フラワー・ユニオンも、もちろんYMOも観たかったが、なんといっても突如、このライヴへの参加が発表されたクラフトワークが私の関心のまんなかにいた……。福島第一原発の事故から一年が経過していた。原発事故の収束はみえず、原発行政のスタンスも定まっていなかった。「脱原発のメッセージを」と大上段に構えた黄色いパンフレットにはいささか距離感があったけれど、とにかく、何か自分で動かなければ、とも思っていた。

ドイツのテクノ・ユニットであるクラフトワークには『ラジオ・アクティヴィティ』というアルバム（一九七五年）がある。原タイトルはRadio-Activityで、RadioとActivityの間にハイフンがある。ハイフンをとったRadioactivityならば「放射能」の意味で、その意味の曲は二曲目に収録されている。この曲は、恬淡としたテクノのリズムに、「チェルノブイリ　ハリスバーグ　セラフィールドヒロシマ」と、原発に限らず、原子力に関わる事故や出来事で人々の脳裡に刻まれている場所の名を列挙していく、という点に特徴がある。

身動きがとれない会場のフロアからじっとステージの暗闇を見つめる。四人のメンバーが浮かび上がり、背後のスクリーンに文字が映し出される。「チェルノブイリ　ハリスバーグ　セラフィールド　フクシマ」。やはり。「フクシマ」の文字に会場は盛り上がる。「日本でも　放射能　きょうも　いつまでも　フクシマ　放射能　空気　水　すべて　日本でも　放射能　いますぐ　やめろ」。電子処理された音声だけでは正確には聴き取れない。彼らの背景の大画面に文字が流れる……。私はどうしたかったのだろうか。クラフトワークと一緒になって「いますぐ　やめろ」と叫びたかったのか。そうしたい気持ちももちろんあった。でも叫んでもそれでそれがどうなるというのか、という気持ちもあった。もやもやした気持ちは晴れない。それを確認しに行った、ともいえる。割り切れない。そしてクラフトワークの発した最初の地名、「チェルノブイリ」という語の重さをかみしめる。

「チェルノブイリ」

一九八八年、ブルーハーツは順調に活動し続ける。前半で最も大きな出来事は、なんといっても日本武道館での初ライヴであろう。二月十二日。すでに全国六十五カ所をめぐる「TOUR '88 PRETTY PINEAPPLE」はスタートしていた。そのメインの場所として日本武道館はあった。メンバーに特段、緊張している様子はない。この日、「チェルノブイリ」は演奏された。演奏の前、甲本は数分間、原発について話をした、という。ただ彼の話を聞いて、少しでも自分で調べてみようという人が現われたらいい、と話を切り上げている。くだんの語録には、「なんにも知らない人が「チェルノブイリ」

を聴いて、自分でいろいろ本を読んだり考えたりしてくれれば、それでいいんじゃないかと思うよ」（前掲『ドブネズミの詩』、一七二頁）、とある。真島の言葉だろう。

チェルノブイリ（作詞・作曲＝真島昌利）

誰かが線をひきやがる
騒ぎのドサクサにまぎれ
誰かがオレをみはってる
遠い空の彼方から
チェルノブイリには行きたくねぇ
あの娘を抱きしめていたい
どこへ行っても同じことなのか？

東の街に雨が降る
西の街にも雨が降る
北の海にも雨が降る
南の島にも雨が降る
チェルノブイリには行きたくねぇ
あの娘とkissをしたいだけ

こんなにチッポケな惑星の上
まあるい地球は誰のもの？
砕けちる波は誰のもの？

東の街に雨が降る
西の街にも雨が降る
北の海にも雨が降る
南の島にも雨が降る
チェルノブイリには行きたくねぇ
あの娘とkissをしたいだけ
こんなチッポケな惑星の上

まあるい地球は誰のもの？
砕けちる波は誰のもの？
吹きつける風は誰のもの？
美しい朝は誰のもの？
チェルノブイリには Ah

チェルノブイリにはAh
チェルノブイリには行きたくねぇ

この曲は、ブルーハーツの反原発に対する態度を鮮明に示した歌、として知られる。だが本当にそうなのか、と私は思う。初めて聴いたときもそう思ったし、いまもその気持ちに変わりはない。チェルノブイリには行きたくない、としか歌っていない。「あの娘」を抱きしめたり、キスをしたいだけ、とも叫んでいるではないか。この歌をたとえば「NO NUKES」というフェスで歌えば、まさにクラフトワークのように意味を持つだろう。だがそれは場が与える意味性だ。八月六日にヒロシマで歌えば、そこに強烈な意味は派生する（じっさい、ブルーハーツは八月六日、広島のフェスで「チェルノブイリ」を歌ったことはある）。だが場の磁力を離れて考えれば、この曲の詩だけで「反原発」を強烈に主張する歌と見做すことができるのだろうか。いったいブルーハーツはこの歌で何を歌っていたのか。

八〇年代の「反原発」運動

結論を急ぐ前に、八〇年代を蔽っていた「反原発運動」の大筋を述べておく。七九年三月にアメリカのペンシルバニア州のサスケハナ川中洲にあるスリーマイル島原子力発電所二号炉で重大事故が発生した。この事故とザ・クラッシュとの関わりは前述した通りだ。事故をうけ、とりわけヨーロッパでエネルギー政策は転換点を迎える。同時に反原発運動も高揚する。

流れが日本に入ってきたのは少し経ってから。象徴的な出来事は八二年、「核戦争の危機を訴える文学者の声明」いわゆる「文学者反核声明」が出されたこと。中野孝次や小田切秀雄、井伏鱒二、吉行淳之介、藤枝静男らが発起人に名を連ね（必ずしもそうした「運動」に近い名前ばかりではなかった）、メディアは大きく扱った。だがなぜ「反原発」ではなく「反核」だったのか。西欧反核思想の流れを汲んだ、この声明そのものは、従来の運動から大きく飛躍したものではなかった。思想家の吉本隆明は『「反核」異論』を書いて日本でのこの動きを批判する。

そこへチェルノブイリ原発事故が起こる。一九八六年四月二十六日、チェルノブイリ原子力発電所で操作ミスが原因となり、炉心溶融が起こる。爆発で吹き飛んだ原子炉建屋から漏れ出た放射性物質は、ウクライナ、ベラルーシ、ロシアに及ぶ。

日本でも反原発の機運が高まる。『朝日新聞』が一九八六年八月に実施した世論調査のなかで、原発推進の賛否が問われた（以下、数字については、山本昭宏「反・核兵器から反・原発へ——「私たち」による「かっこいい」運動」［成田龍一・斎藤美奈子編『１９８０年代』河出書房新社、二〇一六年、一〇二頁］に拠る）。原発推進に賛成したのは、全体の三十四パーセント、反対が四十一パーセント。原発に関する調査が始まって以来、初めて反対が賛成を上回った。だが同調査によれば、「今後、どうしたらよいと思いますか」の問いに、日本の原発は「やめるべきだ」が九パーセント、「減らす方がよい」が十三パーセントと少ない。過半数を超える人々は「現状維持」派だった。ただ、世論の動向を示す数字とは別に、反原発運動は、八〇年代後半、「ニューウェーブ」と呼ばれる動きとして活性化する。

ニューウェーブの反原発運動には幾つかのタイプがあると言われている（前掲書、山本、一〇三頁）。ひとつは「食品汚染問題」に端を発する、女性たちが中心になった運動だ。放射能に汚染されたものではない、安全な食品を食べたいという主婦たちによる手作りの運動で、既成の組織とは別の動きを示した。その他にも複数の動きがあったが、組織に頼らないという意味の「ニューウェーブ」のなかで最も派手で、最もアピール力のあったものが、若者を中心とした、サブ・カルチャーに親和性の高い運動だった。サブカルやニューサイエンスをしばしば特集した雑誌名にちなんで『宝島』の反原発」とも呼ばれた。「ドブネズミどもの反原発」と呼ぶ者もいた……。

なかでも、ロックという音楽ジャンル、特にパンク・ロックが反原発のメッセージで若者たちを惹きつけた。イギリスで起こった反核運動とロックの結びつきは、日本にも波及し、既に一九八四年には「アトミック・カフェ・フェスティバル」という反核を訴える野外ライブが東京の日比谷野外音楽堂で開催されていた。チェルノブイリ原発事故後、反核運動とロックとの結びつきはよりいっそう密接になり、原発への反対も歌われるようになった。その傾向を象徴する人物が、忌野清志郎であり、彼の楽曲の発売中止騒動だった。

チェルノブイリの原発事故以降、忌野清志郎が所属していたRCサクセションは、エルビス・プレスリーの「ラブ・ミー・テンダー」や、エディ・コクランの「サマータイム・ブルース」に反原発の歌詞を乗せて、ライブなどで歌い始めていた。これらの曲は、シングル「ラヴ・ミー・テンダー」とアルバム『COVERS』として一九八八年に発売される予定だったが、RCサクセションが所属する東芝EMIは、これらの楽曲の発売中止を決定した。忌野清志郎は『宝島』（一九八八年八月号）で、原発産業の大手である東芝を親会社に持つ東芝EMIが、原発批判の歌詞を問題視して、発売を自粛したのではないか、と推測している。

この騒動は、他のミュージシャンたちを刺激した。ロックが持つ反体制の志向性と相性が良かったためだろうか、若者に人気のあるミュージシャンたちが、「反核・反原発ソング」を相次いで発表したのである。一九八八年七月には、「チェルノブイリには行きたくねえ《ママ》」と歌う、ザ・ブルーハーツの楽曲「チェルノブイリ」が、自主レーベルから発売された。八月には「ウィンズケール、スリーマイル、チェルノブイリ」と過去の原発事故を並べて歌った、佐野元春の「警告どおり　計画どおり」が発売。一一月には「放射能やだ」と連呼する、爆風スランプの「スパる」（アルバム『HIGH LANDER』に所収）が発売された。

（前掲、山本、一〇五‐一〇六頁）

RCサクセションの『COVERS』を巡る「騒動」が（ブルーハーツを含む）他のミュージシャンを刺激した、という文章は、他のエッセイや研究書にも見出される表現だが、より慎重になるべき箇所かと思われる。というのも、『COVERS』が当初、東芝EMIからリリースされる予定だった日付は一九八八年八月六日であり、同社が「上記の作品は素晴しすぎて発売出来ません。」の広告を全国紙に出すのは、六月二十二日のこと。ブルーハーツの「チェルノブイリ」が二月の武道館ですでに歌われたことを考えれば、『COVERS』や「ラブ・ミー・テンダー」の発売中止問題が、ブルーハーツに直接影響した、とはちょっと考えにくい。もっと大雑把に、広瀬隆のベストセラー『危険な話』（八月書館、一九八七年）を読んでいたらしい忌野清志郎と距離が近かった甲本らが（甲本は、清志郎の告別式で印象的な弔辞を読み上げている）、その魂を共有していた、と考えたほうがいいだろう。

メッセージソングの「メッセージ」

RCサクセションの「サマータイム・ブルース」は以下の通りである。

エディ・コクランとジェリー・ケープハートが作詞し作曲した曲に、忌野清志郎が日本語で詞をつけている。歌はたぶんかなりの人が聴いたことがあるのではないかと推測する。清志郎の歌以外でも様々なカヴァーは存在する。このカヴァーで、清志郎は、おおよそ次のような内容のことを歌っていた。夏が来ている。みんなで海へ行った。なんだか人気がない場所だな、と思いながら泳いでいたら、原子力発電所が建っていた。どうして、そんなところに建ってる？　オレにはわかんないな、何の目的でそこに原発が建っているのかな、と。地震もすぐに起こると言われてる（清志郎がこの詞を書いたのは、東日本大震災の二十年以上前のことだ）。狭い日本なのに、どうしてそんなに原発をボコボコ建てる必要あるんだ？　原発は安全ですって、テレビでも言ってるけど、安全神話だよね、根拠ないよ、と。一所懸命働いて、税金もガバガバ持っていかれて、たまのヴァケーションで田舎へ行ってみると、すでに三七個も原発は経っているらしい（八八年当時の数字）。あと、知らないうちに「漏れてる」らしいじゃないか。電力は余ってるから、要らないよ。電力は余ってるから、不要だよ。電力は余っているから、これ以上、欲しくないよ。「要らねえ」と清志郎は繰り返している。「要らねえ」だけで七回も繰り返している。シンプルな歌だ。言いたいことはたったひとつなのだ。

これこそがメッセージソングだろう。伝達内容は簡明。「原発は要らない」である。それ以外にない。ひるがえって「チェルノブイリ」のメッセージとは何か。「チェルノブイリに行きたくない」ことをわざわざ歌うわけはない。いや、歌ってはいるのだが。では「チェルノブイリに行きたくない」という感情を表明することはいったいどんな伝達内容を持っていたのか。

私がまず言いたいのは、ブルーハーツはもともとそんなバンドだったではないか、ということだ。「チェルノブイリ」だけが特筆されるけれども、伝説の名曲「１９８５」を想起しても、出発点からしてすでに、「黒い雨」が降る「放射能の汚染された島」に生きているバンドだったではないか。最初期のアルバムに収録された曲を頭に浮べるならば、「原爆つきつけられても／クソッタレって言ってやる」（「僕はここに立っているよ」より）と嘯き、「どこかの爆弾より／目の前のあなたの方が／ふるえる程　大事件さ／僕にとっては／原子爆弾　打ち込まれても／これには　かなわない／ＮＯ　ＮＯ　ＮＯ…笑いとばせばいいさ」（「ＮＯ　ＮＯ　ＮＯ」）とぶっ飛ばしていた。もう少しあとの時期の作品でも、「プルトニウムの風に吹かれてゆこう」（「旅人」）と歌っていたし、もし必要ならば、ブルーハーツ解散から二十年後のザ・クロマニヨンズの楽曲から真島の次の歌を引用することもできるだろう。

もれている（作詞・作曲＝真島昌利）

もれている　今日もあちこちで
もれている　今日もあちこちで
いろんなものが　あちこちで今日も

もれている　今日もあちこちで
もれている　今日もあちこちで
いろんな事が　あちこちで今日も

固定された　砂時計　反応なく
夏が終わる　夏が終わる

ダダもれダダ　もれダダもれ
ダダもれダダダー　もれ！

もれている　今日もあちこちで
もれている　今日もあちこちで
いろんなものが　あちこちで今日も

固定された　砂時計　反応なく
夏が終わる　夏が終わる

ダダもれダダ　もれダダもれ
ダダもれダダダー　もれ！

右の歌は「ダダ」と「もれ」の音の面白さに惹かれて作られたと推測されるが、二〇一六年の曲であることも注記したい。福島第一原発の事故のあとに作られていることを考えても、真島昌利の態度には一ミリのブレもない。最初からそうだったし、ずっとそうなのだ。だから「チェルノブイリ」だけを特権的に取り出して「反原発」の空気のなかでのみ解釈し、「反原発」のレッテルを貼り、「反原発ニューウェイブ」に分類することは筋が通らないだろう。少なくともブルーハーツの歴史においては、「チェルノブイリ」はごく自然な流れから出てきた曲だった。私はそう読む。だからこそ、真島はブルーハーツ四枚目のオリジナル・アルバム『BUST WASTE HIP』（一九九〇年）の冒頭で、反原発ブームを揶揄する曲を作らねばならなかった。

イメージ（作詞・作曲＝真島昌利）

お金があるときゃ　そりゃあ酒でもおごってやるよ
お金が無けりゃあ　イヤな事でもやらなきゃならねぇ
くだらねぇ仕事でも仕事は仕事
働く場所があるだけラッキーだろう

どっかの坊ずが　親のスネかじりながら
どっかの坊ずが　原発はいらねぇってよ
どうやらそれが新しいハヤリなんだな
明日はいったい何がハヤるんだろう

イメージ　イメージ　イメージが大切だ
中身が無くてもイメージがあればいいよ

針が棒になり　隣の芝生今日も青い
ミエをはらなけりゃ　何だかちょっとカッコ悪いな
カッコ良く生きていくのはどんな気がする
カッコ良く人の頭を踏みつけながら

金属バットが　真夜中にうなりをあげる
治療法もない　新しい痛みがはしる
クダらねえインチキばかりあふれてやがる
ボタンを押してやるから吹っ飛んじまえ

真島の詩のなかでは例外的なくらいシニカルである。「原発は要らない」が流行してしまうことへの、そして流行すれば中身のない空っぽの運動に堕してしまうことへの警鐘と捉えるべきだろう。「イメージ」なんか「クダらねえ」と真島は批判している。

感情の当事者性

それでも、では「チェルノブイリ」という曲はいったい何を私たちに伝達しているのか、という問いは依然として残る。私はそれを感情の当事者性と呼んでみたいと思っている。もし世界の何処かの原発でシリアス事故が起こったとしよう（すでに何度も起こっているが）。私たちは地球の狭さを嘆き、どこに行こうが黒い雨が降ることを知っている。だから原発なんかやめておけ、と言ったではないか、遅くないから廃炉にしよう、再生可能エネルギーに切り替えようと思うだろう。だがそれは理念の問題である。理念を訴え続けるのは大事なことだが、歌のなかで理念を口にする方法は、ブルーハーツの歌には馴染まない。思想や観念を歌で摑まえようとしないのだ。では歌は何か。ふたたびレナード・コーエンの言葉が甦る。歌は感情の博物館である。歌う人の、あるいは歌のなかの語り手の、感情がそこに表出されていればそれだけでいい。清志郎の声の響く「サマータイム・ブルース」とは違う道だ。チェルノブイリ原発事故に接して、どんな感情が去来する？「チェルノブイリには行きたくねぇ」。行けばきっと放射能汚染にさらされる。ひどいことが起こるかもしれない。それよりも「あの娘を抱きしめていたい」……。いま私が傍点を付けたところは、私が勝手に補ったところだ。歌のなかには傍点部分は存在しない。「あの娘を抱きしめていたい」と「チェルノブイリには行きたくねぇ」は論理的には繋がっていない。「あの娘を抱きしめていたい」から「チェルノブイリには行きたくねぇ」わけではないし、「あの娘とkissをしたいだけ」だから「チェルノブイリには行きたくねぇ」わけでもない。行きたくないという感情と、抱きしめていたい、キスしていたいという感情が繋がらないまま並べられているところが、この歌の中心だろう。二つの感情は無防備に歌に放り込まれている。二つの感情に関する限り、感情の主人公は歌手であり、語り手であり、聴く私たちである。感情だけについて言えば当事者であることを邪魔されることはない。チェルノブイリ原発事故に対して、感情の当事者であることを些かも放棄していないのだ。

　右のようなことを考えるのは、チェルノブイリ原発事故の起こった一九八六年当時、事故を挟むようにして日本語で書き継がれていたある小説を思い出すからである。小説のタイトルは『西海原子力発電所』。作者は、井上光晴。日本の戦後文学を代表する小説家の一人である。

舞台は原発（呼称は「西海原発」、佐賀県の玄海原発を意識したものか）を近くに持つ小さな田舎町、波戸町。九州の、おそらくは長崎県か佐賀県にある。群集劇だが、中心人物の一人は魚市場に勤務する「小山芳郎」。地元民だ。もうひとつの中心は、この町で芝居を上演している「劇団・有明座」。「プルトニウムの秋」という芝居を続ける。有明座には前身（「浦上座」）があって、浦上座は「原子爆弾専門」だった。つまり長崎に投下された原爆を芝居のモチーフとして専門的に扱っていた。当然、西海原発関係者からは危険視されており、地元からは浮いた存在だった。

冒頭、二人の男女が焼死するという事件が起こる。女性は、「何もかもが原発に結びついとる町で、朝から晩まで垂れ流しのごと原発の悪口をいうて歩」いていた人間である。一方、男性は「原発の情報調査を担当」する部門の人間で、劇団からみれば「原発のスパイ」に他ならなかった。この、相反する二人の焼死事件には複雑な背景があるが、ここでは立ち入らない。小説にはすでに原発事故は書き込まれている。「198R年」に三号原子炉の運転が始まってすぐ二人の原発労働者が被爆している。原子炉格納容器の入口附近のパイプを補修していたところ、「許容量をはるかに超えた放射線を浴びた」というのだ。そのうちの一人は自殺。事故直後から、附近のネコが「除染作業員」の使った手袋を銜えたこともあってか、様子がおかしくなる……。

論点を絞ろう。有明座の座長・浦上新五のことである。浦上は長崎で被爆したことになっているが「ピカドンが長崎に落ちた日」、どこで何をしていたのか、と問い詰められる。じつは浦上は「被爆者」ではなく、被爆者を装って生きてきたのだった。「贋被爆者」なのではないかとの疑問に浦上はこう語る。

「八月九日にあたしは長崎にいなかった。浦上の地獄を見たのは三日後の八月十二日。佐世保の空廠から救援隊で派遣されたんだ。爆心地に近い兵器工場には一ヵ月前までいたんだけどね。……弁解してすむ問題じゃないが、この際みんなの許しを得たいと思います。無責任で、申し訳ないことをしでかしました。……」

頭をさげる新五に、若い座員がすぐいった。

「三日後に浦上を歩いたとなら、被爆者とおなじたい。原爆手帳を貰ぅ資格のあるとだけんね」

（井上光晴『西海原子力発電所　輸送』講談社文芸文庫、二〇一四年、一三六－一三七頁）

誰が「被爆者」で、誰が「贋被爆者」なのか、という問いは重い。たとえば被爆者を保証するものは被爆者手帳なのか、被爆者を認定するとはどういうことか、認定の範囲はどこかという問題もある（二〇二〇年夏の「黒い雨裁判」と国の対応を想起して欲しい）。座長の浦上新五は、自分が「贋被爆者」であることを告白する。すると、劇団内部からも次から次へと「贋被爆者」が現われる。いったい彼らに線を引くことができるというのか。「誰かが線をひきやがる」。ブルーハーツの声が聴こえる。被爆者を「当事者」と言い換えてみる。誰が、どこまでが当事者なのか。当事者として語ることができるのか。当事者とは誰のことなのか。むろん私たちは被爆した当事者にはなり得ない。だが、チェルノブイリをこの星のうえで経験した私たちは、何らかの当事者として語らねばならない。そのとき、私たちはチェルノブイリに寄せる感情の当事者であるしかない。それであれば歌にできる。

興味深いのは、井上光晴が、小説『西海原子力発電所』の執筆中にチェルノブイリ原発の爆発に直面して、急遽テーマを改変したことだ。構想では、西海原子力発電所の原子炉事故によって「この上もなく汚染されて行く町や港の状況」を描く予定だったという（井上光晴『輸送』あとがき、文藝春秋、一九八九年、二〇二頁）。だが彼はそうしなかった。できなかった。チェルノブイリ原発事故のリアリティに改変を余儀なくされた。そして、修正した構想の一部が、「贋被爆者」の問題だったか。いわば、チェルノブイリの圧倒的なリアリティに接して、井上は当事者性を問われた、ということではなかったか。贋被爆者の問題は、当事者性の問題だ。井上が応答することのできたギリギリのラインが、当事者性を問う存在としての「贋被爆者」を小説に登場させることだった。ブルーハーツの「チェルノブイリには行きたくねぇ」にも、バンドが歌詞として返すことのできるギリギリの当事者性を、私は感じる。

ちなみに、いわゆる「反原発の歌」という言葉からいちばん最初に私が連想する曲は、ミュート・ビートの「キエフの空」（一九八八年）である。こだま和文のトランペットは言葉にならない悔恨と哀しみをこの曲に与えている。

サード・アルバム

一九八八年に戻ろう。

二月の武道館でのライヴを収録したビデオ『ブルーハーツ、武道館を見学。』が六月二十一日に発売される。七月一日、シングル『ブルーハーツのテーマ／シャララ／チェルノブイリ』（自主制作）発売、十月三日より、「パイナップルの逆襲ツアー」がスタート（全国で四十公演）した。十一月二十三日、サード・アルバム『TRAIN-TRAIN』、同日、サード・シングル「TRAIN-TRAIN／無言電話のブルース」発売。十二月二十二－二十三日、クラブチッタ川崎で2DAYS……。

先に世相を少し。竹下登首相が消費税導入に着手し、不人気を極める。リクルート事件が発覚し、森元首相らにまで影響が及ぶ。正月早々、六本木のディスコ「トゥーリア」で、天井から一・六トンのシャンデリアが落下し、フロアの客三人が死亡した。東京ドームが完成したのは、三月。

秋を感じ始めた九月十九日、昭和天皇が突如、吐血し重体に陥る。以後、吐血と下血を繰り返し、天皇の容態は毎日報道された。マスコミは合計で百日以上、非常態勢に。宮内庁が全国に「お見舞い」の記帳受付所（十二カ所）を設けたところ、地方自治体にも波及、二千もの記帳所ができる。一日数十万にも達する日があり、合計の記帳数は六百万を超えた。宴会はキャンセルとなり、バラエティ番組はテレビから消えた（前掲、村田、二七九－二八一頁）。

このときのブルーハーツに幻の映像がある。世の中の「自粛」ムードに鑑みて、お蔵入りしてしまったものだ。「パイナップルの逆襲」ツアー用に作成されたもので、カーキ色の戦闘服に身を包んで、楽しそうに芝居を演じている彼らが映っている。「ザ・ブルーハーツ　頂上作戦」と題されていた。

河口が戦闘中にもかかわらずインスタントラーメンを食べている。画面には、「この非常時に野獣並。その食欲にその神経。どうすりゃ身につくものかしら。／とにかく脱走するならば、今しかチャンスはありません。」のテロップが流れる。四人は機関銃を手にしたまま草叢をさまよう。「戦争にイヤ気がさした四人は脱走し、一路、中立国を目指すのであった。」「文豪バルザックの有名な中国人庭師であるタンヤオ・ドライチはこう語った。「戦争の最も下劣な犯罪は花を焼くことである。」」四人は互いに助け合いながら逃げようとするが、訓練をサボっていたため、崖も登れない。「かうして数年間走り続けた四人は、つひに国境線にたどりついた。」　煙草を咥える戦闘服の二人。河口と真島。「火がないや。」「俺の心の炎を使いな。」　真島が吸っている煙草から火を分け合う。「国境を超えたら、好きなだけ食べて寝るぞ。マーシーは?」「俺の戦いに見合う自由は太陽よりデカイのさ。」　以下、略。「この非常時に」というセリフと脱走をモチーフにした映像は「自粛」の網から逃れることができなかったのかもしれない。

そして、戦争から「逃げる」というテーマは、のちに「やるか逃げるか」という歌のなかでもう一度、繰り返される。

サード・アルバム『TRAIN-TARAIN』の収録曲は次の通り。①「TRAIN-TRAIN」(真島)、②「メリーゴーランド」(甲本・真島)、③「電光石火」(甲本)、④「ミサイル」(甲本)、⑤「僕の右手」(甲本)、⑥「無言電話のブルース」(真島)、⑦「風船爆弾(バンバンバン)」(河口・甲本)、⑧「ラブレター」(甲本)、⑨「ながれもの」(甲本)、⑩「ブルースをけとばせ」(真島)、⑪「青空」(真島)、⑫「お前を離さない」(真島)。十二曲。

補足的な説明を若干。「メリーゴーランド」はこれまで各自それぞれに作詞・作曲を担当していた甲本と真島が、初めて共作した曲。前掲『ドブネズミの詩』には、真島の手書きで「僕等は金沢の街はずれのさびれたボーリング場でボーリングをやった。フルサワのおネエは負けずぎらいだった。全員たいしたスコアではなかった。その後、僕とヒトロはメリーゴーランドを書いた」とある。「風船爆弾(バンバンバン)」は、河口純之助が書いた初めての曲。作詞に甲本の名前がクレジットされているが、甲本の担当箇所は曲終盤の限定的な箇所。このアルバムの共同プロデューサーに名前を連ねている谷川千央は、インタビューでこう述べている。「で、3枚目の「TRAIN-TRAIN」でさらにブレイクするわけですが」の問いに対して――。

それも村田〔積治〕さんと渡木〔説子〕さんが分かっているところで。あのタイミングでドラマのタイアップ、『はいすくーる落書』（TBS）を獲ってくるっていう。普段は放置してバンドのペースでやらせといて、「今やらなきゃ」っていう時にきちんと手を打つ。理想的な事務所だよね。当時の業界の評判ではテキトーな事務所だって言われてたけど、あんなに自然に出来る人たち、いないと思う。だから俺、ブルーハーツに関していちばん過小評価されてるのは、村田さんと渡木さんだと思う。あのふたりじゃないと無理だった、あの売れ方は。あのふたりがすごいのは、キャロル・矢沢のマネージメントをやってた村田さんと、ヤマハで世良公則&ツイストをやってた渡木さん、っていうことで。キャロルは徹底的にコアファン向けだし、ツイストは徹底的に大衆向け、そのふたつが出会ったからこそ、ビートパンクなのに一般市場へっていうあの流れが作れたんだと思う。〔中略〕

あとは正直……村田さんもよく言ってたけど、「時代に売ってもらったよね」っていう。僕等もやってて分かるんだ、「これ、俺たちの力じゃねえな」って。時代のニーズに対して素直に素材を提供するだけ。売れるのはお客さんの力って、中にいるとすっごいわかる。サラリーマンがネクタイを頭に巻いてカラオケで「TRAIN-TRAIN」を歌う、みたいなことになってくると、既に僕らの手を離れてる。ただ、他の事務所じゃやっぱり売れなかったと思う。絶妙にユルく、やることはやれるジャグラーじゃないと、きっとブルーハーツの魅力は無くなったでしょう。だからホント、現場で自由に放し飼いにしてもらって、俺にとってはマンガみたいな日々だったね。
（前掲『私たちが熱狂した80年代ジャパニーズロック』、一三一頁）

「サラリーマンがネクタイを頭に巻いてカラオケで『TRAIN-TRAIN』を歌う」風景に出くわしたことはないが、谷川が言っていることはよくわかる。社会現象とまでは言わないが、誰もが知っている存在になったのだ。ブルーハーツのことも、「TRAIN-TRAIN」のことも、この島に生きている人々の大半が知る、そんな存在になったのだ。「TRAIN-TRAIN」は、オリコンのアルバム・チャートで三位まで上昇している……。それにしても「時代のニーズ」って何だろうな、とは思う。そんなものがわかれば人生に何の問題もなくなるのかもしれないが、事後的にみれば、このアルバムとシングルが発売された一九八八年十月は、昭和という長い時代の最後の秋であり冬だった。天皇の病気に由来する「自粛」が続いていた。テレビをつければ、天皇の体調を示す数値が画面にずっと映っていた。体温、輸血した量、心拍数。二〇二〇年の現在なら、新型コロナウィルスの、新たな感染者数がテレビ画面に表示されるような感じだ。「自粛」のムードだけはいまと共通している。終わりの気配と、みえないものに抑圧されている感覚が、誰の胸にもあった。そこに「栄光に向かって走る　あの列車」が登場したのである。聴いた者はみな、その列車に乗りたいと思った。

ちなみに、谷川の言葉に出てくる『はいすくーる落書』は、一九八九年一月六日から三月二十四日までTBS系で放送されたドラマ（全十一話）。

実際に群馬県の農業高校で生徒を教えていた多賀たかこのノンフィクションが原作。シンナー、ゆすり、喫煙など、荒れる高校生たちと必死に格闘する教師たちの姿を描いた学園ドラマ。主演の新米教師を演じるのは斉藤由貴。生徒と共に成長していく姿を、シリアスかつコミカルに描く。斉藤と生徒たちの体当たりの演技が好評を博し、ドラマの世界観と見事にマッチしたTHE BLUE HEARTSが歌う主題歌も大ヒット。彼らの曲は「キスしてほしい」「リンダリンダ」なども劇中で使用された。同年12月にはスペシャル版も放送。なお、2月24日は昭和天皇の大喪の礼のため休止になった。
（ＴＶ ＬＩＦＥ編集部編『１９８０年代　全ドラマクロニクル』学習研究社、二〇〇九年、三二七頁、傍点引用者）

出演は斉藤以外に、伊東四朗、所ジョージ、石倉三郎、清水宏次朗、小林稔侍、越智静香、的場浩司、保坂尚希、稲川淳二らがクレジットされている。少し不思議な思いがするのは、いわゆるヤンキー的世界観とブルーハーツの歌が「マッチ」した、という判断は正しいのだろうか？　推論の域を出ないが、このドラマによってヤンキー的世界観とブルーハーツの楽曲に類縁性が発見された、あるいはそう認知されたということはなかったのだろうか。

TRAIN-TRAIN（作詞・作曲＝真島昌利）

栄光に向かって走るあの列車に乗って行こう
はだしのままで飛び出してあの列車に乗って行こう
弱い者達が夕暮れさらに弱い者をたたく

その音が響きわたればブルースは加速して行く
見えない自由がほしくて
見えない銃を撃ちまくる
本当の声を聞かせておくれよ

ここは天国じゃないんだ　かと言って地獄でもない
いい奴ばかりじゃないけど
悪い奴ばかりでもない
ロマンチックな星空にあなたを抱きしめていたい
南風に吹かれながらシュールな夢を見ていたい
見えない自由がほしくて
見えない銃を撃ちまくる
本当の声を聞かせておくれよ
TRAIN-TRAIN　走って行け
TRAIN-TRAIN　どこまでも
TRAIN-TRAIN　走って行け
TRAIN-TRAIN　どこまでも

世界中に定められたどんな記念日なんかより

あなたが生きている今日はどんなに素晴しいだろう
世界中に建てられてるどんな記念碑なんかより
あなたが生きている今日はどんなに意味があるだろう
見えない自由がほしくて
見えない銃を撃ちまくる
本当の声を聞かせておくれよ
TRAIN-TRAIN　走って行け
TRAIN-TRAIN　どこまでも
TRAIN-TRAIN　走って行け
TRAIN-TRAIN　どこまでも
TRAIN-TRAIN　走って行け
TRAIN-TRAIN　どこまでも
TRAIN-TRAIN　走って行け
TRAIN-TRAIN　どこまでも

栄光に向かって走るあの列車に乗って行こう
はだしのままで飛び出してあの列車に乗って行こう
土砂降りの痛みの中を傘もささず走って行く
嫌らしさも汚ならしさも剥き出しにして走って行く

聖者になんかなれないよ　だけど生きてる方がいい
だから僕は歌うんだよ精一杯でかい声で
見えない自由がほしくて
見えない銃を撃ちまくる
本当の声を聞かせておくれよ
TRAIN-TRAIN　走って行け
TRAIN-TRAIN　どこまでも
TRAIN-TRAIN　走って行け
TRAIN-TRAIN　どこまでも
TRAIN-TRAIN　走って行け
TRAIN-TRAIN　どこまでも
TRAIN-TRAIN　走って行け
TRAIN-TRAIN　どこまでも〔「見えない自由がほしくて」以下のリフレインは歌詞カードには存在しない〕

この曲やアルバム・タイトルである『TRAIN-TRAIN』をめぐって、ブルーハーツの四人が当時フランスの日刊紙『リベラシオン』の記者だったコリーヌ・ブレと話をしている。梶原が「すごく外国へ行きたい」と言い出すと、真島が「俺、飛行機嫌いだから。ジェット族になって飛行機で世界あっちこっち行ったりするの、たぶんダメ。〔中略〕だから、まあ、飛行機ダメだから海外進出は絶望的ですね（笑）」と受ける。だがアルバム・タイトルに因んで、ヨーロッパに行くならシベリア鉄道という手もある、とコリーヌ・ブレは言い、「だったら可能性あるぜ！」と真島も答え、「実際憧れとんのよ、シベリア鉄道」と甲本も加勢する。

コリーヌ　フランス語で地面のことを〝牛の床〟って呼ぶんです。で私たちは牛の床を離れるのが怖いの。イヤなの。自分の足が地面にピッタリついていないとイヤなの。

マーシー　同じ揺れるのでも電車や船が揺れるのは大丈夫なんだけど飛行機で揺れる時のイヤさ加減て何とも説明しがたい。ヤーな感じ。

コリーヌ　だから今度のアルバムは『PLANE PLANE』にはならなかったんだ。

河口　うまい、やるなあ（笑）。

（月刊宝島編集部編『THE BLUE HEARTS『1000の証拠』』JICC出版局、一九八九年、五三頁）

河口ならずとも「うまい」と感嘆する箇所だが、真島の飛行機嫌いは克服されたのだろうか、と心配になる。というのも翌八九年から、ブルーハーツはアメリカでのライヴをかなり定期的に行うようになるからである。もちろん、シベリア鉄道ではアメリカへは到着できない……。

すでに述べたように、サード・アルバム『TRAIN-TRAIN』は大ヒットとなった。音楽的な幅も広がったように聴こえる。ただ忘れてはならないのは、このアルバムに「青空」という曲が入っていたことである。アルバム・タイトルの曲も、「僕の右手」も、「ラブレター」も素晴らしいが、詩として考えるとき、真島の書いた「青空」は抜きんでていると、私には思える。この詩の謎解きをしたいのではない。詩の解釈をすることが大切ではないと思う。最低限の解釈を試みたあと、「青空」をどう聴く、か、次の章で実践してみたい。ブルーハーツの歩みを辿る記述を一九八八年でいったん止めて、次章、真島昌利論に一章を捧げたい。

第4章　青空論

ブルーハーツには二人の詩人がいる。

ほとんどの楽曲の作詞・作曲をそのどちらかが担当している。もちろん、甲本ヒロトと真島昌利だ。甲本については次章に譲り、まず真島の「詩」について――。自身ミュージシャンであり、音楽評論家でもある中川五郎は、ブルーハーツの二人の詩人について、こう書いていた。

乱暴な分け方を承知で言えば、マーシーの書く歌詞は理論派で、ヒロトの方は感覚派である。しかし両者の詞から伝わって来るブルー・ハーツの本音には共通するものがある。〔中略〕多くの歌から伝わって来るブルー・ハーツの本音は実に明快である。そして彼らの歌う本音、つまり喜怒哀楽は、決して他人を抑えつけたりすることのない〝権力〟を持たざる人々のものである。

（前掲『僕の話を聞いてくれ』、一八〇頁）

基本的に中川に同意する。ただ「理論派」というのは誤解を招くかもしれないので、私なりに言葉を補えば、真島の書く詩は、大きな物語の切断面であることが多い、というあたりだろうか。詩を読んで、物語の一端に触れると、その言葉が包摂されていた、もとの物語についてもあれこれと想像したくなる、そんな詩を書く。甲本の、感覚的に摑んだ一行をぐっと前面に押し出してくる書き方に比べて、真島の描く断面は、それだけでも数行の幅を持っていて、聴く私たちは、その数行からまず一枚の絵をイメージする。一曲のなかに数枚の絵が示されていることも多い。聴く者は、その絵たちをなんとなく連結させて、曲の全体像を捉えようとする。

違和感の契機

ラインを越えて（作詞・作曲＝真島昌利）

色んな事をあきらめて　言い訳ばっかりうまくなり
責任逃れで笑ってりゃ　自由はどんどん遠ざかる
金がモノを言う世の中で　爆弾抱えたジェット機が
僕のこの胸を突き抜けて　あぶない角度で飛んで行く
満員電車の中　くたびれた顔をして
夕刊フジを読みながら　老いぼれてくのはゴメンだ

生きられなかった時間や　生きられなかった場面や
生きられなかった場所とか　口に出せなかった言葉
あの時ああすればもっと　今より幸福だったのか？
あの時ああ言えばもっと　今より幸福だったのか？

机の前に座り　計画を練るだけで
一歩も動かないで　老いぼれてくのはゴメンだ

僕がオモチャの戦車で　戦争ごっこしてた頃
遠くベトナムの空で　涙も枯れていた

ジョニーは戦場へ行った　僕はどこへ行くんだろう？
真夏の夜明を握りしめ　何か別の答えを探すよ
誰かが使いこなす　ホンネというタテマエ
僕はラインを越えて　確かめたい事があるよ

セカンド・アルバムに収められたこの歌は、真島自身が歌っている。詩全体が伝えるものは明白だ。何もしないで、冷笑的に現在の事態を眺め、漫然と時間を過ごしていれば、ただの老いぼれになってしまう。そんな無為なら勘弁ねがいたい。「僕」はもっと別の生き方をするさ、そこに引かれた「ライン」を越えて……。そんなところか。最も気になるのが「満員電車の中　くたびれた顔をして／夕刊フジを読みながら　老いぼれてくのはゴメンだ」かもしれない。意味は、誰かに決めてもらった仕事と時間の過ごし方で、人生の時間を使い果たすことの無意味さを歌っているのだとは思うが、なぜ「夕刊フジ」なのか。同じことは、後半「ベトナムの空」や「ジョニーは戦場へ行った」にも言える。むろん前者はベトナム戦争のことであり（直前に、「オモチャの戦車」「戦争ごっこ」とある）、後者は映画『ジョニーは戦場へ行った』（一九七一年）を念頭に置いている。この映画の原作は監督であるダルトン・トランボによって一九三九年に書かれている。第一次世界大戦に従軍し、塹壕で戦傷を負ってほとんどの感覚を失った者の物語で、トランボ自身がベトナム戦争中に映画化したため、反戦映画として有名になった作品だ。後半のこの二語によって、「ラインを越えて」を反戦歌と分類する意見もある。いったい何を聴いているのか。

真島が詩のなかに登場させる固有名詞は、彼が数行で描いている絵の、いわばタイトルである。ベトナム戦争や『ジョニーは戦場へ行った』は、行動を起こした人間の記録としてあり、反対に「夕刊フジ」は行動を起こさない、「ライン」の遙か手前で日常に忙殺されていることの謂いである。私が最初に提示した詩全体の解釈に大きな変更はない。無為を忌避したい（押しつけるわけではなく）という「僕」の願いだ。

ただ、このときどうして「夕刊フジ」なのか、は小さな棘のように残る。調べてみると幾つかの説明（とりわけネット上に）がこの「夕刊フジ」には存在する。最たるものが、八七年の日比谷野音での観客死傷事故（既述）をめぐるマスコミの狂熱の際に、「夕刊フジ」がロックバンド批判の尖兵のごとく振舞ったことに対する、真島の反論、という解釈だろう。事の真偽はわからない。

ただ、私は別の意味で「夕刊フジ」はとても重要ではないかと思う。私たちは、「満員電車の中くたびれた顔をして／夕刊フジを読みながら　老いぼれてくのはゴメンだ」と歌う、真島のざらついた声を聴きながら、そうかもな、と思う。しかしなぜ「夕刊フジ」なのか、とも思う。そしてあれこれ考えたり調べたり、調べがつかなかったりする。このとき、固有名詞は、違和感を与えるきっかけとして機能している。ただ真島の側からは違和感は最小限にとどめなければならない。対照的に、甲本の詩にはほぼ固有名詞は出てこない。ブルーハーツ時代は特にそうだ。真島のソロワーク作品に比べても、ブルーハーツでの真島の詩には固有名詞は比較的少なめだ。ただ、詩を聴いて少しだけ違和感を覚える程度には、固有名詞は必要なのだ。その絶妙のバランス。

先回りして述べておけば、真島にとって固有名詞はたんなる記号ではない。そのものの、その人の、固有性を守る言葉だ。固有性を守るためにこそ、固有名詞は歌のなかに導入されるのである。

青空の下

では、「青空」を読んでみる。

青空（作詞・作曲＝真島昌利）

ブラウン管の向う側
カッコつけた騎兵隊が

インディアンを撃ち倒した
ピカピカに光った銃で
出来れば僕の憂鬱を
撃ち倒してくれればよかったのに

神様にワイロを贈り
天国へのパスポートを
ねだるなんて本気なのか？
誠実さのかけらもなく
笑ってる奴らがいるよ
隠しているその手を見せてみろよ

生まれた所や皮膚や目の色で
いったいこの僕の何がわかるというのだろう

運転手さんそのバスに
僕も乗っけてくれないか
行き先ならどこでもいい
こんなはずじゃなかっただろ？

歴史が僕を問いつめる
まぶしいほど青い空の真下で

詩に描かれた状況の説明は推論でしかないが、冒頭、「ブラウン管」に現われた「騎兵隊」と「インディアン」は、TVで流れていた映画の一シーンであろう。西部劇。騎兵隊がインディアンを撃ち殺す……。アメリカで盛んに西部劇が作られていたのは、一九六〇年代まで。以後、白人至上主義が有色の原住民を大量殺戮する物語として貶められ、西部劇は完全に下降線をたどる（クリント・イーストウッドがイタリア製の西部劇「マカロニ・ウェスタン」に多く出演したのはこのせい）。真島が言及している映画がどれなのか、むろんこれだけでは情報が不足しているが、白人が有色人種を蹂躙するという構図は、第2章でも述べた植民地主義にもつながる発想からきている。だからこそ、そんな大量虐殺なんかやめて、「僕の憂鬱」のほうを撃ち倒してくれよ、と。ここまでが一枚の絵をなす。

次段。「神様にワイロを贈り／天国へのパスポートを／ねだるなんて本気なのか？／誠実さのかけらもなく／笑ってる奴らがいるよ／隠しているその手を見せてみろよ」については、ある学術的な解釈がある。心理学者の諸井克英が書いた、主としてハイロウズの歌詞を分析した本である。タイトルは『ハイロウズの掟』（晃洋書房、二〇〇五年）、副題が「青年のかたち」。タイトルとは別にブルーハーツの歌詞もたくさん引用されている。諸井は、ブルーハーツの詩に現われる「神」を分析するために、青年心理分析を用いている。概略は以下の通り。

青年存在は曖昧である。だからこそ、理想的な自分を過度に追い求めてしまう。こうした傾向を完全主義と呼ぶが、完全主義を支えるのは、完全でありたいという欲求や、ミスを過度に気にする傾向や、自分の行動を漠然と疑う傾向などである。この完全主義が「完全な神」への志向を高めるのだが、そのとき「神の答え」を欲することによって、青年は、自己の安定化を図る。「神様にワイロを贈り／天国へのパスポートを」もらおうとするのは、この「神の答え」を求める行為と言える。だが「甲本と真島」は、「このような「神」への接近を採用しない」（前掲、一三頁）。ここで「青空」の詩（神様にワイロを〜見せてみろよ）の当該箇所が引用される。続けて、諸井はこう書く。

信仰の組織化によって「神」への接近を図ることは滑稽であり、そもそも我々の「喜び＝本当の名場面」は自分自身で摑みとるものなのだ。わが国では、米国に比べて若者が宗教を重視する程度はかなり低いが、九〇年代になるとその傾向はより顕著になる〔ここで総務省の図版資料が入っているが割愛〕。しかし、それでもわが国の三割弱の若者が宗教を重視しているのだ。

奇跡なんかじゃないんだよ　待ってたんじゃダメなんだよ
神の仕業ではないんだ　本当の名場面だ
他に方法はないんだ　他にはないんだ

〈甲本ヒロト作詞「フルコート」〉

つまり、甲本と真島による唱導は、「過度に自己に完全性を求める」のでなく、「自分の不完全さ」を適度にありのまま認めることなのだ。彼らによる「神」という存在の消極的否定は、実は、後に見るように「生の単純肯定」のダイナミックスを逆説的に産出する。

（前掲、諸井、一三－一五頁）

つまり「神」という言葉は、その絶対性を言うために使われているのではなく、「消極的に」否定するためにこそ用いられている、ということなのだが、重要な指摘だろう。ただ、私たちがいま読んでいる場面との繋がりはいまひとつ不分明である。「騎兵隊」による「インディアン」虐殺を批判したあと、なぜ、神の絶対性を消極的に批判しているのか、という繋がりがみえにくい。第一段と第二段は、詩に内在する限りにおいて、どう繋がって読めるのか、という問題。

やや強引に一歩踏み込めば、こうも言えるだろう。アメリカの西部開拓の歴史は、インディアンの土地をヨーロッパからの貧しい白人の移民たちが略奪していく過程だったが、白人の側からみれば彼らの行為は「神の意思」に基づくものだった（グレン・フランクル『捜索者』〔高見浩訳、新潮社、二〇一五年〕など、西部劇の裏側を描いた書物を参照されたい）。彼らはつまり、彼ら内部の論理として、神から与えられた「パスポート」に則ってインディアンを殺戮したのだ。「誠実さのかけらもなく／笑ってる奴ら」とは、騎兵隊の白人であり、彼らの神との契約を、真島は批判している、と。一説ではある。

そして、そんな弱者やマイノリティを殺戮する者たちへの批判を前提に、この歌の中心が現われる。

生まれた所や皮膚や目の色で
いったいこの僕の何がわかるというのだろう

皮膚の色や生地や瞳の色合いに、つまりその人間の外見や本人にはどうしようもない環境の特徴に、「この僕」の本質を求めるという態度を批判している……と、解説を書いていて、冗長な言葉を弄している自分が恥ずかしく愚かしく思えるほど、真島の言葉は冴えている。この詩の言葉を、あのメロディで、けっして主情的になるわけでもなく、淡々と歌い上げる（歌っているのは甲本）音楽のありようは、誰にでも体験して欲しい。前掲のインタビューのなかで、梶原徹也は、「青空」が都内のフリースクールで歌い継がれていることをとても嬉しい、とコメントしていた。つまり、あらゆる意味の差別に抗している（しかもさりげない仕方で）箇所なのだが、詩の言葉の卓越を讃えてばかりいても仕方がない。

真島はこの詩をどこへ繋げるのか。

「バス」である。

最後の段落「運転手さんそのバスに／僕も乗っけてくれないか」で、「バス」は特権的な乗物として登場している。アルバム・タイトルの「列車」ではなく、まして真島の嫌いな飛行機でもなく、「バス」は彼にとってどんな意味を持っていたのか。この詩を読解するうえで、いちばん大切なのは、おそらくここだ。差別を受け、いじめられた存在を包む箱としての「バス」。

だがバスは普通名詞であり、言葉の背景を探ることがとても困難である。真島の詩の世界の外へ、「バス」の一語を頼りに出かけていくことは無謀すぎるだろう。ここはあくまでも真島の詩の世界の内部に留まって「バス」の意味作用を考えるしかない……。くだんの語録『ドブネズミの詩』には一箇所、「バス」が登場する。「ビートルズを聴き始めてから、遠足のバスに酔わなくなった」（前掲、三五頁）。真島の言葉だと思うが、この一文では、ビートルズの酔い止め的効果は確認できても、バスの効能はわからない。

だがブルーハーツの真島の詩のなかに、もう一箇所、「バス」は出てくる。「手紙」という歌だ。

ヴァージニア・ウルフのほうへ

「手紙」は、一九九三年に発表された七枚目のアルバム『DUG OUT』の冒頭を飾っている。

手紙（作詞・作曲＝真島昌利）

ヴァージニア・ウルフのメノウのボタン
セロハンのバスのシートに揺れている
ジャングルジムの上　ひろがる海に
ぬれている君と　淡い月明り
ねじれた夜に　鈴をつければ
月に雪が降る
水平線の見える場所は　もう春だ
背骨で聴いてる　ハチミツの雨
ヒマワリ畑で　ラジオが歌うよ

手紙を書いたなら　空に飛ばすんだ
風が運ぶだろう　君のところまで

青空の下　怪獣退治
ギターを片手に

輝いている夜明け前は　もう夏だ

ろうせきの道　走り抜けてく
ギターを片手に

輝いている夜明け前は　もう夏だ

「バス」に乗って私たちが到着した場所は、それほど理解しづらいところではない。ジャングルジムの上にひろがっている「海」はむろん空のことだ。淡い月明かりも射している。ジャングルジムにのぼって空を見上げている。「背中で聴いてる」「ハチミツの雨」も同断で、ジャングルジムにのぼって空を見上げる以上、地面に落ちる雨の音は、背後に聴こえるはず。その甘い雨音を「ハチミツの雨」と書いている。「青空の下　怪獣退治／ギターを片手に」は、まったく強引に解釈すると、「青空」という曲を「ギターを片手に」歌って、「怪獣」を「退治」する……。となれば、ここでの「怪獣」は、あらゆる意味の「差別」である。肌や瞳の色や生まれた場所で人を差別する、意識という「怪獣」。「バス」という小さな単語を介して、私たちは「青空」と「手紙」をこのように繋げるのだが、謎めいているのは、やはり冒頭の一行だろう。「ヴァージニア・ウルフのメノウのボタン」。それが「バス」の座席シートに揺れている。そもそもどうして「ヴァージニア・ウルフ」なのか。

文学青年としての真島昌利は、つとに知られている。初期のライヴでは、詩人・中原中也の顔を大きくプリントしたTシャツを着ていたし、そのTシャツには中也の「宿酔」の一節、「朝、鈍い日が照つてて／風がある。／千の天使が／バスケットボールする。」の文字が躍っていた。ソロソークにまで対象を広げるならば、詩のなかに作家の固有名も出てくる。部分的だが引用しよう。

こんなもんじゃない（作詞・作曲＝真島昌利）

今夜ボニーとクライドが　僕の部屋へやってくる
冷蔵庫にはビールもあるし　安いチーズも少しはある
太陽の熱と光の余韻が　ずっと遠くへ去った頃
裏返った夜が照れながら　ポツリポツリと話し出す
確かに本当に見えたものが　一般論にすり替えられる

確かに輝いて見えたものが　ただのキレイゴトに変わる

こんなもんじゃない　こんなもんじゃない
こんなもんじゃない　こんなもんじゃない
こんなもんじゃない　こんなもんじゃない
こんなもんじゃない

人は嘘をつく時には　必ず真面目な顔をするの
そんな太宰治のような事を　ボニーは真面目な顔で言う

いいかいボーズ教えてやろう　上目使いでクライドが言う
ブタの自由に慣れてはいけない　もっと人は自由なのだ〔以下略〕

「こんなもんじゃない」の詩のほうが格段に理解しやすい。アメリカ犯罪史上、もっとも有名な二人、ボニーとクライドは、部屋までやってきて自分たちの意見を丁寧に語る。真島の年齢から判断して、ここでの「ボニー」と「クライド」は実在のそれではなく、映画『俺たちに明日はない』（監督アーサー・ペン、一九六七年）のフェイ・ダナウェイとウォーレン・ベイティであろうと推測される。「人は嘘をつく時には　必ず真面目な顔をする」と「太宰治」ならばたしかに言いそうだ。余計な連想だが、「ブタの自由に慣れてはいけない」は、坂口安吾が言いそうだ。ここで「太宰治」は、比喩として機能している。

ひるがえって「ヴァージニア・ウルフ」はどうだったか。比喩でもなければ、彼女が言いそうな言葉が想起されるわけでもない。固有名詞は歌のなかにごろりと転がっている。摑みづらい。

まず連想するのは、『ヴァージニア・ウルフなんてこわくない』。これは、一九六二年初演のエドワード・オールビーの手による三幕ものの芝居で、一九六六年にはマイク・ニコルズの手で映画化もされた。主演のエリザベス・テイラーの胸には大きな首飾りが……。だがどこまで行っても「メノウのボタン」の真実の確証はない。

私は、入手可能な限りで、難解をもって知られるイギリスの女性作家ヴァージニア・ウルフ（一八八二―一九四一）の日本語訳をあらかた読んでみることにした。「メノウ」と「ボタン」の組み合わせを探して。ただ、それだけのために。見つかったのか？　と言われれば、見つからなかった。ただし、見つからなかったと断言することも、見つけたと確言することも難しい。見落としの可能性はじゅうぶんにある。そのことを認めたうえで、ある短篇小説に辿り着いた。魅力的な冒頭――。

半円形の広大な浜辺で動いているものといったら、一個の小さな黒点だけだった。その黒点が浜辺に取り残された漁船の肋材や背柱に近づくにつれて、黒さの薄くなった部分があることから、それには四本の足がついていることが分かった。そして、黒点と思われたものは二人の青年の肉体にほかならないことが、一瞬一瞬、明らかになったのである。

（ヴァージニア・ウルフ「固い物体」、『壁のしみ』所収、川本静子訳、みすず書房、一九九九年、三六頁）

黒く動いている点がいつの間にか二人の人間になっている。いったい語り手は何処にいるのか……この描写は奇蹟的だ。二人の青年はどうやら口角泡飛ばして議論しているようだ。「政治の話はもうたくさんだ！」と男（ジョン）が叫ぶ。ステッキを振り回しているもう一人の男（チャールズ）とともに、二人は浜辺に「どしんと腰を下ろし」て話をしている。チャールズが「平べったいスレートを何枚も水面をかすって飛ばしはじめ」る。ジョンは「指で砂に穴を深く掘りはじめ」る。手首の上あたりまで砂に埋もれてゆくと、ジョンの目からは光が消え、思考の痕跡さえなくなる。穴が堀になり、井戸になり、泉になり、「海に繋がる秘密の通路」となることを、ジョンは思い出す。と、何か固いものを指がつかむ。緑のガラス。だが宝石と言っていいほどの輝き。ジョンはそのガラスの来歴をあれこれと想像する。二人は並んでサンドイッチを食べ、その後、浜辺を立ち去る。ジョンは秘かにそのガラスをポケットに滑り込ませる。帰宅後、ジョンはマントルピースの上に「ガラスの物体」を置く。

> それで、ジョンは散歩に出たときなど、何かあのガラスの物体を思い出させるようなものが目に留まったというだけで、骨董店の飾り窓に魅きつけられるようになったのである。どんなものでも、物体であるかぎり、もっと丸みを帯びたものでも、そうでないものでも、消えかかろうとする炎が物体の奥深くに潜んでいるような、どんなものでも――磁器、ガラス、瑪瑙、岩塊、大理石――有史以前の鳥の滑らかな楕円形の卵でさえよかったのだ。（前掲、四〇頁、傍点引用者）

「瑪瑙」――真島の表記なら「メノウ」――は、ここにたった一度、使われている。魅力的な石の具体例として登場する。ジョンは国会議員に立候補を予定していたが、魅力的な石、いやもっと広い意味での「固い物体」を収集することに憑りつかれ、約束の時間を忘れ、会合を欠席した。政治家への道は閉ざされた。時間が過ぎた。二人はもう青年と呼べない年齢になっている。チャールズが訪ねてくる。マントルピースの上の「いくつもの石」を何気なく取り上げては、どうして政治家を諦めたのか、とジョンに話しかける。「諦めていないよ」とジョン。「だけど、きみにはもうぜんぜん見込みはないぜ」とチャールズ。「その点は同意しかねるね」と、ジョンは確信ありげに言う。チャールズは「自分たちはちがうことを話しているのだ、という奇妙な感じ」を抱く。そしてもう二度と、ジョンを訪ねることはなかった。小説はそうやって終わる。

この短篇小説をどう読んでも構わないだろう。石の魅力に憑りつかれた数奇な男の人生。収集癖が嵩じた先の、ギリギリの狂気。だが、そもそも真島昌利はこの小説を読んだと推測されるか、と言われれば、その可能性は限りなく低い。ウルフの短篇はごく散発的に複数の媒体で翻訳されてきたらしく、この短篇集に十五篇が集められたのは一九九九年のことである。すでにブルーハーツは解散している。真島の「手紙」という曲は、一九九三年発売のアルバムに入っていた。したがって、真島がこの短篇から「ヴァージニア・ウルフのメノウのボタン」を着想した可能性は、ほぼゼロだ（そもそも「ボタン」が出てこないではないか！）。

それにもかかわらず、私がここまで「ヴァージニア・ウルフ」に拘泥したのは、こうした読み方が真島の詩への向き合い方の、あり得べきひとつの態度ではないかと思うからだ。

真島の詩には、既に述べたようにポエジーがある。それは文学の世界と共通するものだ。彼のもちいる語群は、ターミノロジーとして世界を構築している。くだけた言い方をすれば、真島の言葉たちは網の目のようにお互いに結びつきながら、星座のようにして独特の歌の世界を作っている。その網の目を辿ることが彼の詩の解釈法の有効なひとつだと思う。今回、私は「バス」という結節点から彼の歌の内部世界に入ろうと試みた。どんな語でもいいとは言わない。たとえば彼が好む「夏」や「夜」「カレーライス」「アイスクリーム」がどのような単語と結びついて、ネットワーク化されているか、ブルーハーツの語彙のなかで探索してみるのは、愉しいし有意義だろう。これは文学批評のひとつの方法だ。だが、「ヴァージニア・ウルフ」はそうしたターミノロジーの宇宙にあって、強烈な違和感を発している。なぜヴァージニア・ウルフなのか、という問いを殺さずに育ててゆけば、たとえばウルフは、女性同士の恋愛を、清新な筆致でおおよそ百年前に半自伝として描いていたこと(『オーランドー』)や、ごく実験的な小説を書いて、新しい小説の創出を可能にしたという文学史的事実に突き当たるはずだ。さらに、手紙のなかで自分の作品について書き留めた、短いこんな言葉にぶつかれば、私たちは、魂において、彼女がブルーハーツに近かったことを思い知るのだ。時代も性別も関係ない。ヴァージニア・ウルフという固有名には、この名前にしか実現できない固有性がある……。

私には、人間の魂は一瞬一瞬その位置付けを変えているように思えます。今このときもそう。だから、誰もその全体を見てとることはできないのです。私たちにとらえられるのはせいぜい一瞬の鼻、肩、変動しながら絶えず視界からそれていくものだけ。それでも、一瞬一瞬をとらえようとしているほうがましです。

(ナイジェル・ニコルソン『ヴァージニア・ウルフ』市川緑訳、岩波書店、二〇〇二年、七六頁)

変動しながら絶えず視界からそれていくもの、それをブルーハーツは「マッハ50で駆け抜ける」と書いたし、「ミサイル」と表現したのではなかったか。

多摩とカローラ

ソロワークにも目配りしておきたい。真島は現在までに五枚の「真島昌利」名義のアルバムをリリースしている。『夏のぬけがら』（一九八九年）、『HAPPY SONGS』（一九九一年）、『RAW LIFE』（一九九二年）、『人にはそれぞれ事情がある』（一九九四年）、『RAW LIFE Revisited』（二〇〇七年）。四枚はブルーハーツの活動と並行している。

楽曲の詩のなかには、甘いバラードもあれば、恋愛を主題にしたものもある。それらはブルーハーツの曲と主題を共有するのでここでは扱わない。ソロワークにのみ現われた独特のテーマは——。

まず、東京・多摩のことだ。東京の西郊の一部地域を「多摩」と呼ぶが、まさしくこのあたりの地理を（固有名も含め）描いている曲が、最初のアルバム『夏のぬけがら』のなかに四曲ある。

カローラに乗って（作詞・作曲＝真島昌利）

カローラに乗っていこうよ　１４００の４ドアさ
カローラに乗っていこうよ　ＦＥＮでヒットパレード
カローラに乗っていこうよ　夜が君の顔をしてる

となりのシートでねてる　リクライニングでねてる
ボクの想像のなかではとても
やさしい君なのにホントはいじわるばかり
何だか悲しくなるなぁ

日野橋をわたる時に　君を揺り起こしてあげる
多摩ニュータウンがみえる　僕の友達が住んでた

カローラに乗っていこうよ　夜がねがえりをうってる
カローラに乗っていこうよ　どこへ行くあてもないけど

「日野橋」とは、多摩川にかかっている道路橋のひとつ。左岸が立川市で、右岸が日野市になる。竣工は一九二六年と古い。「多摩ニュータウン」については多くの説明を要しないだろう。東京の西部、稲毛市、多摩市、八王子市、町田市にまたがる多摩丘陵に建てられた日本最大規模のニュータウンで、事業着手は一九六六年。多摩ニュータウンを舞台にした作品も多く、『平成狸合戦ぽんぽこ』（一九九四年）、『耳をすませば』（一九九五年）といったジブリ作品だけではなく、八〇年代には『金曜日の妻たちへ』という大ヒットとなったテレビドラマもあった。「日野橋」と「多摩ニュータウン」だけなら、土地勘がなくても書けるが、「僕の友達が住んでた」は、土地開発をすぐ近くからみていたことを暗示している。

花小金井ブレイクダウン（作詞・作曲＝真島昌利）

洋服着た犬連れて　オバサンが歩いてく
すました顔厚化粧　オバサンが歩いてく
洋服を着た犬は　どうも好きになれない

沈丁花の香る道　紙袋まいあがり
煙草買えば販売機　ありがとうと言ってた
どうもと答えながら　少し淋しくなった

タクシー会社の裏で
夏はうずくまってた
なまぬるいビール飲んで
春はよっぱらってた

オートバイでツーリング　突然空が泣いた
君も僕もビショぬれで　おたがいを笑ったよ

次の日のアルバイト　2人共休んでた
ひどく遠くはなれてる
ひどく遠くはなれてる

この歌もそうだし、「夕焼け多摩川」という曲もそうなのだが、具体的な地名は出てこない。もしタイトルに「花小金井」や「多摩川」が入っていなければ、ふつうにノスタルジーを扱った歌と捉えるだろう。そう、「ひどく遠くはなれてる」のだ。ただし、「洋服を着た犬」がこれだけ溢れる現在になってみれば、犬用衣服への違和を歌に込めること自体、あまり意味はないかもしれない。「オートバイでツーリング」以下の三行は、懐かしい恋愛感情とともに見事に切り取られている。真島の詩人としての美質が、何よりもそうした物語の一断面を切り取ってみせるものだったことを改めて感得する。

もう一曲は、「さよならビリー・ザ・キッド」。若くして結婚した二人の、何となく倦んだ関係を描いている。「ワナにはめられたみたいだ　生活にクビをしめられ／やり場所のないいらだちが　毎晩オレを責めたてる／今度子供が生まれるよ　それでもうオレも終わりさ／力なく笑う君には　反逆者のカゲすらない」という切迫感と終末観。だがそのすぐあとに、こんな詩句が続くのだ。部分を引用する。

授業を抜け出して2人　バスに飛び乗った

有刺鉄線を乗りこえ　夜と手を組んだ
ギターで世界にはむかい　痛い目もみたよ
くだらないことでいつでも　僕を笑わせた
誰も見ていやしないのに　孤独なビリー・ザ・キッドを
まじめな顔で演じてた　君をおぼえてる

国立の6月の雨　バス停のわきの木の下
君はぼんやりと立ってた　僕等はそこで別れたよ〔以下略〕

ここでも「バス」や「バス停」が記憶にアクセントをつける、大きな目印になっていることがわかる。現在の苦さが強ければ強いほど、過去への郷愁が余計に甘くなる、といったところか。真島のノスタルジックな多摩への思いは、右に挙げた通りだが、青春期の恋愛に誘発される甘酸っぱさを語るために、ただ多摩を舞台にした、というわけではない。多摩は七〇年代から八〇年代にかけて、ミュージシャンにとって特別な場所でもあった。サミー前田は書いている。

例えば〝めんたいロック〟とか〝関西フォーク〟〝渋谷系〟というような地域性をブルーハーツのサウンドに感じることはないが、マーシーの音楽性を探るとき、キーワードとして三多摩地区の特性は切り離せないのではないか。
三多摩には豊かな自然があり、60年代からヒッピー系の人々が移住している地域である。〔中

略〕

出身のロック・バンドでは60年代後半に登場したRCサクセションが最も有名だが、和製ニューヨーク・ドールズとして75年にデビューしたルージュ（後にスクリューバンカーズ）の存在も大きく、三多摩地区に多くのフォロワーを生んだ。ストリート・スライダーズ、ZIGGY、シェイディ・ドールズあたりは確実にその潮流にあるバンドだった。日本のガレージ・パンク史を語るには欠かせない80年代のネオGSムーブメントも、ファントムギフトをはじめ三多摩のバンドを中心に生まれた。元・村八分の山口富士夫や外道の加納秀人といった伝説の現役ミュージシャンは今もなお福生にいるという。ちなみに大瀧詠一も米軍ハウスを改造したスタジオに隠っているらしい。

三多摩地区の福生と立川の2カ所にある米軍ハウスには、70年あたりからアメリカの雰囲気を求めてアーティストやミュージシャンが住むようになり、特に福生のハウスは村上龍の『限りなく透明に近いブルー』によって、セックス・ドラッグ&ロックン・ロールを標榜する若者の憧れともなった。マーシーが一時期、福生のハウスに住んでいたのも、ロックン・ロールの真実を見つけようとしてのことだったのかもしれない。

（前掲『別冊宝島　音楽誌が書かないJポップ批評20』、四七頁）

山口富士夫も大瀧詠一も二〇一三年に鬼籍に入った。記事が書かれた時点からすでに二十年近くの時間が経過している以上、状況は変化しているだろうが、真島と多摩地区との結びつきを証言するものは少なくない。たとえばRCサクセションの属した事務所に、真島がブルーハーツ以前に在籍したバンド、ブレイカーズがデモ・テープを持ち込んだ、等々。ただ、事実よりもやはり真島の詩こそが、多摩とノスタルジーをまっすぐに結んでいるように思える。

前掲の月刊宝島編集部による『THE BLUE HEARTS『1000の証拠』』というムックに「マーシー直筆エッセイ」がひとつ掲載されている。ムック自体、無数のファンの声によって構成されていて、雑誌が持っていた猥雑さやミニコミ誌的な性格をいかんなく反映しており、時代の証言としても興味が尽きない（たとえば、新宿のレコード店「テイトムセン」に毎週のように張り出されていたブルーハーツのライヴレポートと手書きのメッセージなども収録されている）。この「マーシー」の直筆エッセイは、独特の癖のある手書きでしたためられている。手書きの味わいは再現できないが――。

この汽車は乗せていないよ、ばくち打ちも、ウソつき野郎も、ドロボウも、羽ぶりのいい流れ者も、この汽車は栄光に向かって走っているんだ、この汽車は！　今にも泣きだしそうなくもり空の下、甲州街道をまたぐ歩道橋の上で（重いクルマが通るたびに揺れている）流れていく自動車を見ている。こんなに沢山の自動車はいったいどこから来てどこへ行くんだろう。

去年の夏　親父のダサイ　カローラでむし暑い夜を走り出た時、美しい夜明けの光の中で道ばたの教会の看板が輝いていた。その看板にはデッカイ文字でこう書いてあった。――あなたの人生に勝利を!!――「はい、どうもありがとうよ！」と言いながら僕はコンビニエンスストアの前にカローラを止めて、冷たいコカ・コーラを飲んだ。

（前掲『THE BLUE HEARTS『1000の証拠』』、七三頁）

「はい、どうもありがとうよ！」は、いかにも、という言葉だが、この文章は八六年ごろに「ＤＭ」で送られてきた、と解説がある。ＤＭ、すなわちダイレクト・メールという単語そのものが時代を感じさせるが、それが真実ならば、真島の詩の世界を構築する、かなりの言葉が『TRAIN-TRAIN』発売二年前の段階ですでに、頭のなかにあった、ということになる。甲州街道、教会、コンビニ、何よりもカローラ！　日野橋で眠り込んだ「君」を起こした、あの「カローラ」は親父の車だったのだ……。

カラッポに生きていく

真島のソロワークを彩る詩のなかで、最後にひとつだけ注目しておきたいものがある。それは、「かしこい僕達」という曲。九二年発売の『RAW LIFE』に収録されている。

かしこい僕達（作詞・作曲＝真島昌利）

僕のお兄さんは　幻想《まぼろし》にとり憑《つ》かれ
個性を主張して　革命を叫んだ
夢見た者達は　そのぶん叩かれた
理想を持つ者は　厳しく裁かれた
僕等はそれを見てきたから　失敗は繰り返さない
かしこい僕達は　楽しい人生を送ろう

僕のお姉さんは　キレイゴトにだまされ
いつでも正直で　真面目にやってきた
他人を羨まずに　いつも他人を信じて
だまされ　裏切られ　損ばっかりしてきた
僕等はそれを見てきたから　何も信じてはいない
かしこい僕達は　愉快な人生を送ろう

かしこい僕達は　涙なんて知らない
かしこい僕達は　カラッポに生きていく

政府《おくに》のためなんて　どうでもいいんだ
社会のためなんて　どうでもいいんだ
誰かのためなんて　どうでもいいんだ
自分がよければ　どうでもいいんだ
僕等はどうでもいい事で　悩みこんだりしたくない
かしこい僕達は　陽気な人生を送ろう
かしこい僕達は　涙なんて知らない

かしこい僕達は　カラッポに生きていく

かしこい僕達は……

世代論に回収される言葉を真島が書くこと自体、きわめて珍しい。真島は私と（学制でいえば）同学年なので、ここで真島が書いていることは個人的にはよく理解できることなのだが、一九六〇年代の初めの頃に生まれた人間は、七〇年代の終わりに高校を出ているはずで、すでに（少なくとも一部を除き）政治闘争の季節は終わっていた。遠い昔に終わっていたならば、当事者たちの証言や研究によって多くの言葉が紡がれていたことだろう。その言葉を浴びることだってできるだろう。だが、八〇年代初めに成人になった者にとって、火事は終わっていたものの、燃えひろがった火は鎮火したばかりだった。何も残っていなかったが、燃えていたという事実だけは、目の前にあった。だから、方向を転換し、「かしこい」と自己定義して、「カラッポに生きていく」ことに決めた、と反語で語るしかない。「新人類」なる呼称は「カラッポ」という意味である。世代論は以上だ。

真島の詩のなかで気になるところがある。「政府《おくに》のためなんて　どうでもいいんだ」の部分。「どうでもいいんだ」を繰り返して、徐々に反語的意味合いを持たせていく手法の巧みさは、ここでは特に議論しない。私が気になったのは、もっと小さなこと。「政府」に対してどうして「おくに」とわざわざルビが振ってあるのか、ということだ。このアルバムはすでに述べたように九二年にリリースされている。この年、政府はいわゆる「ＰＫＯ協力法」を成立させた。国連や国際機関が行う「人道的な国際救援活動に参加する」ために自衛隊の海外派遣を可能にする法律だった。この法律に関して、ブルーハーツは強烈な言葉を送りつける。この周辺については、のちに（第6章で）詳述する。

むろん、「政府《おくに》のためなんて　どうでもいいんだ」は、ＰＫＯ協力法のことを念頭に置いているだろう。バンドとして、というよりも、個人として反対している、と捉えて構わない。ただ、「おくに」にわざわざ「政府」という漢字を当てているあたり、何か、気になることが潜んでいる。そんな気がずっとしていた。これもすでに述べたことだが、ブルーハーツの歌詞のなかに、「日本」や「国」はほぼ出てこない。だからこそ、ここでの「おくに」が気になるのだ、とひとまず言える。バンドとしてではなく、個人として、ソロワークのなかで政権批判をしておきたい、という解釈は（外から眺める限りで）あり得るだろう。

だがきっとそれだけではない。「おくにのため」を批判した強烈な歌が、このとき真島の脳裡に響いていていなかっただろうか。

教訓Ｉ（作詞・作曲＝加川良）

命はひとつ　人生は1回
だから　命をすてないようにネ
あわてると　つい　フラフラと
御国のためなのと　言われるとネ
青くなって　しりごみなさい
にげなさい　かくれなさい

御国は俺達　死んだとて
ずっと後まで　残りますヨネ
失礼しましたで　終わるだけ
命のスペアは　ありませんヨ
青くなって　しりごみなさい
にげなさい　かくれなさい

命をすてて　男になれと
言われた時には　ふるえましょうヨネ
そうよ　私しゃ　女で結構
女のくさったので　かまいませんよ
青くなって　しりごみなさい
にげなさい　かくれなさい

死んで神様と　言われるよりも
生きてバカだと　いわれましょうヨネ
きれいごと　ならべられた時も
この命を　すてないようにネ

青くなって　しりごみなさい
にげなさい　かくれなさい

「教訓Ｉ」は一九七一年の曲。日本語で歌われた、国家権力に抗う代表的な歌のひとつである。この歌のなかで、加川良は「御国」と書いている。「おくに」に「御国」という漢字を当てている。つまり、加川も真島も音で聴く限りにおいて、「ＯＫＵＮＩ」であり、同じ意味を持つものと聴こえる。その意味では、真島は加川と同じ文脈でこの語を発している、と聴こえても構わないと考えている。そう推測する。すなわち、権力に抗する歌の流れのなかに自分の歌もあるのだ、という意識だが、そこにわざわざ別の漢字表記を持ち込むことは、自分の歌はそうした流れにありながらも、闘う相手は違うのだ、とも言っている。そう解釈したい。

言葉を換えれば、加川の歌はフォークの文脈にある。フォークソングのプロテスト性を受け継ぎながら、あくまでも真島の相手は、時の政権である、ということか。真島の創作にフォーカスしたインタビューはあまり多くはないが、日本のフォークソングとの関係を語った短いが印象的な言葉があるので、引用する。インタビュアーの「日本のフォークとかって聞いてました？」という言葉を受けて――。

あんまり進んで聞いた覚えはない。でも入ってくるんだよね、普通に生活してても。吉田拓郎、井上陽水とかかって流行ってたからね。で、その頃に、「関西フォークの歴史」ってシリーズのレコードが、１枚５００円とかくらいで売ってたのを、おもしろいかなって買ったの。岡林信康さんとかディランⅡ、友部正人さん、加川良とかまとまって入ってたんだけど。なんか暗いなぁって寂しくなっちゃった。加川良さんの「教訓」とかいいなって思う曲もあったけど、ベトナム戦争のこと歌った歌とかがあって、強力だった。若干の衝撃はあったけど、のめり込むってことはなかった。

（『宝島』一九九一年八月二十四日号、JICC出版局、八九頁）

なお、真島の、現代日本を代表するフォーク歌手・友部正人との交流は知られている。

さて、以上が、ひとまず、真島昌利論である。むろん不足はある。真島のソロワークであれば、たとえば、『RAW LIFE』に入っている「GO！GO！ヘドロマン」や「煙突のある街」にみられるエコロジーに対する攻撃的で反語的で繊細な詩のことは考えるべきだし、「カレーライスにゃかなわない」で唐突に挟まれるミルクの膜の話はいったいどんな暗喩なのか（遠藤賢司の「カレーライス」をなぜか連想した）、聴く者を刺激してやまないが、いったん措く。どこまでも続けることができることは、どこかで切らなくてはならない。

次章、もう一人の詩人、甲本ヒロトの描く「詩」の世界を考えてみる。真島との対比も興味深いが、「孤独」という命題こそが、甲本の詩を語るにふさわしい。

第5章　そしてナイフを持って立ってた

立ち上がる一行

直球で行こう。

甲本ヒロトの書く詩の特徴は何だろうか。

二つあると思う。ひとつは、彼が彼にとって本質的とみえる一行を感覚的に摑んでくる、ということ。先に引用した中川五郎の文章でも、中川は甲本を「感覚派」と呼んでいた。感覚派というのは、ある単語なりある文章なりを、自分の感覚で探り当てる、という意味だ。甲本は、この嗅覚が卓越している。いっけん同じ単語を無意味に繰り返しているように思える一行であろうと、音が繰り返されるうちに、別の意味が派生するように聴こえることがある。そのあたりの感覚は流石だ。選んだ一行の周辺に言葉を配していく。その一行が立ち上がるように、周りの言葉を選んでいる。このとき、真島昌利との対比は明確だ。真島はすでに述べたように、数行で一枚の絵ができあがるように言葉を紡ぐ。だが、甲本は違う。一行（もちろん数行のこともたまにある）を際立たせるために、言葉は集められている。以上は、彼の詩を読んだ者の憶測である。

甲本本人は、自身の詩法についてほぼ語っていない。嘘がないように言葉を選んでいる、ということしか語っていない。甲本がブルーハーツ以前に属していたバンドにザ・コーツがあるが、八四年に、あるモッズ・ファンジン『HERE TODAY』に「ひろと」の声が載っており、歌詞についてこう述べている。「感じたままにしょうじきに書くようにしてます。だから言葉をあまり選ばずに初めに選んだ言葉を使うことにしてます」と。歌のなかにメッセージとか意識したことはあるかと訊かれ、「いえべつに、ただ思ったままにだから、それがメッセージになったり、ラブソングになったりただ自分に正直につくってます」、と甲本は答えている。おそらく、この答えのままブルーハーツの詩は作られたのではなかったか。

甲本が自分の詩法について例外的に語っているのは、歌人の穂村弘との対話だ。「自分の意識下ではどうなってるかわかんないけど、曲作るときってなんにも考えないんですよ」と語ったあとの二人の対話を引く。

穂村　推敲しないんですか?

甲本　推敲します。でも、意味の推敲はしないです。

穂村　なにをチェックするんですか?

甲本　この言葉をこれに変えたら、もっとかっこいいとか、もっと笑えるとか。そういうのが見つかれば推敲しますけど、それ以外はしませんね。歌詞って書かないんですよ。

穂村　え、書かないんですか？

甲本　レコーディングするときに歌詞カードを提出するから、そのときはじめて用意するんです。書いてるときに、「あ、へんだなあ」って思うことはありますけどね。

穂村　そのまま歌っちゃうんですか？

甲本　うん、いいんです。そこに興奮があったりすれば。

穂村　歌詞に、すごく興奮があるんですよね。

甲本　狙ってできるものじゃないんですよね。この言葉に、あの言葉をぶつければ、こんな興奮が生まれるなんていう方程式があるのかどうか、ぼくは知らないです。

穂村　歌詞とメロディは、どっちが先にできるんですか？

甲本　曲によります。でも、だいたい一緒です。歌です。

穂村　歌詞とメロディが同時にできる？

甲本　同時です。多くの曲は四、五分でできます。一番から三番までフルコーラスがぱっと浮かんで、ずらずらずらずらずら～って降りてくる。〔中略〕

穂村　「ルル」っていう曲もありましたけど、「ルル」ってなんですか？

甲本　なんでしょうねえ……。自分で作ったことだから、なんの意味もないわけじゃないんです。こうも捉えられる、こういうふうにも読めるっていうガイドは、わりと自分でできると思ってるんです。だけど、それやるとつまんなくなることもわかってるんです。そしたら、やんないよね。

穂村　聴く人に委ねるんですね。

甲本　うん。でも、もしぼくらがへべれけになるようなことがあれば、なにか言うかもしれないね（笑）。
穂村　シラフでは言わない？
甲本　ぽろっと漏らすかもしれないけど。
（穂村弘対談集『あの人に会いに』毎日新聞出版、二〇一九年、一七九－一八三頁）

幾つか衝撃的な事実が告げられているが、要するに、最終的にリスナーに委ねている、ということではある。引用文中、話題の「ルル」は以下の通り。

夜更けに破れた　ルル
背中を縫うのは　ルル
三面鏡に　藁の糸

水たまりに立つ　ルル
廃屋に溶けた　ルル
三面鏡に　住んでいる

ルル　ルル
隙間だらけで　ダイヤモンドみたいだぜ

溺れていたのを　ルル
覚えていたのか　ルル
三面鏡に　さいたヒビ
ルル　ルル
隙間だらけで　ダイヤモンドみたいだぜ
ルル　ルル
隙間だらけで　ダイヤモンドみたいだぜ
傘の中に　潜水艦の群れ
破れた背中は　破れたまま
ラ　ラ　ラ

ザ・クロマニヨンズの二〇一四年発売のアルバム『GUMBO INFERNO』に収録。ひとまず、私は、へべれけになってでも甲本の講釈を聴きたいと思うのだが。

こちらの「解釈」を続けよう。

甲本の詩の、もうひとつの特徴は、その核心に「孤独」がある、ということ。これは詩とは直接関係ないが、『甲本ヒロト論』という本が出ている（ヒロト論研究会編、トランスワールドジャパン、二〇一三年）。「長く生きてるほうが絶対おもしろいよ」や「自分を支えてるのは、自分」など、甲本が様々な媒体やライヴで語った言葉を集め、さらにそれを敷衍した文章を収めた本なのだが、甲本らしいポジティヴな言葉が圧倒的ななかで、「友達がいないくらいで寂しがったり悲しんだりしちゃいけないよ。だって、もともと人は全員、孤独なんだよ」という箴言が紙面に現われて、ちょっと面食らう。

そう、甲本の詩の世界では、人は孤独なのだ。一人で生まれ、一人で死んでいく。だから孤独を歌うのか？　いや孤独は歌うことはできない。私はそう思う。「誰もがポケットの中に　孤独を隠しもっている」（「未来は僕等の手の中」）は？　あれは真島の詩だが、ブルーハーツの詩として捉えても、「孤独」をポケットに隠すとき、孤独はモノとして扱われている。言い換えれば、物象化している。モノとして扱わずに孤独を歌うことはやはり難しい。なぜ難しいのか。孤独が感情の一形式だからだ。私たちは、孤独であることを言ったり、指摘したりすることはできるが、だからといってそれが孤独を歌っていることにはならないだろう。「孤独だろうけれど、ガンバレ！」と応援することはできる。「家の外は春の雨が降っているし、僕は一人ぼっちだ」と歌うことはできるが、それは一人ぼっちだ、という状況を伝えているのだ。私は物事をむずかしく考えすぎているだろうか。たぶんそうではない。人が孤独であることを言うことは難しい。孤独を何かに言い換えるとき、詩が立ち上がる。だが言い換えた瞬間、孤独はおおかたの場合、平凡な比喩に堕してしまう。説明になってしまう。人が孤独であることを、世界から疎外されている、と言ったとしよう。「疎外」なんて言葉は、ブルーハーツの詩に出てこないし、使われるはずもないのだが、疎外は孤独を別の言葉で説明しているにすぎない。ただ、世界に対して自分が一人きりである状況を孤独と言うのであれば、甲本の作ったある詩は「孤独であること」を詩として精確に言い換えている。

少年の詩（作詞・作曲＝甲本ヒロト）

パパ、ママ　お早うございます　今日は何から始めよう
テーブルの上のミルクこぼしたら　ママの声が聞こえてくるかな
1、2、3、4　5つ数えて　バスケットシューズがはけたよ
ドアをあけても　何も見つからない
そこから遠くを　ながめてるだけじゃ

別にグレてる訳じゃないんだ
ただこのままじゃいけないってことに
気付いただけさ
そしてナイフを持って立ってた

僕やっぱりゆうきが足りない「I LOVE YOU」が言えない
言葉はいつでもクソッタレだけど　僕だってちゃんと考えてるんだ

どうにもならない事なんて　どうにでもなっていい事
先生たちは僕を　不安にするけど
それほど大切な言葉はなかった

誰の事も恨んじゃないよ　ただ大人たちにほめられるような
バカにはなりたくない
そしてナイフを持って立ってた

少年の声は風に消されても　ラララ………
間違ちゃいない

そしてナイフを持って立ってた

そして！
いろんな事が思い通りになったらいいのになあ

ブルーハーツのファースト・アルバムに収録されている、初期の代表的な名曲である。この歌の中心は、「そしてナイフを持って立ってた」の言葉だ。繰り返されるからではない。「クソッタレ」な世界に対して、家庭の揺り籠のなかで守られている少年がいる。少年はしかし、自分が世界に対峙していることを（本能的に）感じている。だからドアを開けて、出て行かなくてはならない。その不安で揺れ動く心性を「そしてナイフを持って立ってた」という一文で表象している……しかしこうした説明の文言はいつも詩の言葉から周回遅れである……。「パパ」「ママ」で出発する詩の出だしにも度肝を抜かれるが（こうした少年たちの心性を表現するのに、彼らが社会から弾かれかかっていることがこれまで前提として多かった気がする）、彼が「バスケットシューズ」を履いて、いままさに家を出ようとしていることも、誰か好きな人がいて、その人に告白できないことも、ごく日常的で普通のこととして描いている。だからこそ、ミドルティーンの聴衆は一文を自分のこととして受容したのだろう。学校では教師がたいして重要とは思えない言葉を吐く。それもまた、管理教育の徹底した学校では普通のことだった。普通のことを普通に書いている。だが一皮むけば普通は孤独へ落下する。「そしてナイフを持って立ってた」は、その微妙さを言い換えている。この一文は比喩か？　いちおうそうだろう。だが一文はいま述べたような心性を比喩的に表現しただけのものかと言えば、それは違う。これはおそらく比喩でありながら、比喩を越えた何かを蔵している。その「何か」を説明する、いささか胡乱だが、ここでの私の仕事である。

そもそも、甲本の詩には、個人と世界が無媒介に対峙している構図が前提されている。両者のあいだにあるはずの共同体はあまり描かれない。「少年の詩」にははっきり「世界」という語は出てこないが、世界と個人の関係をダイレクトに歌った詩が他にある。

世界のまん中（作詞・作曲＝甲本ヒロト）

朝の光が　待てなくて
眠れない夜もあった
朝の光が　待てなくて
間違った事もやった
僕が生まれた所が世界の片隅なのか
誰の上にだって　お日様は昇るんだ

川の流れの激しさに
足元がふるえている
燃える炎の厳しさに
足元がふるえている
僕が今見ているのが世界の片隅なのか
いくら捜したって　そんな所はない

うまくいかない時
死にたい時もある
世界のまん中で生きてゆくためには
生きるという事に　命をかけてみたい

歴史が始まる前
人はケダモノだった

世界に「片隅」などない。だがお前は「片隅」で生きているだけだ、と言う人がいる。「うまくいかない時」や「死にたい時」にそんな声が聞こえてくる。だが、お前が生きるのは「世界のまん中」だ、と甲本は言う。そこに「生きるという事に　命をかけてみたい」の一文が立ち上がる。この一文は「そしてナイフを持って立ってた」ほどの喚起力はないかもしれない。だが、わかりやすい。いや、わかりやすくみえる。ほんとうにわかりやすいのか、とすぐに疑問が湧く。たとえば「生きる」の代わりに「食べる」「走る」「勉強する」といった動詞を代補してみればよい。命にかかわらない動詞に「命をかけ」ることで、一文の意味はわかりやすく完成する。だが命にかかわる動詞に「命をかける」ことに小さい違和感がある。蛇が自分のしっぽを噛んでいるような。だがたぶん甲本はこうとしか言えないのだ。こう言いたいのだと思う。それが面白い。

そして主人公（一度も主語として定位されない）にとって、世界はあいかわらずよそよそしく、彼／彼女の意志とは無関係に成立し、高い壁として彼／彼女の目の前にある。

この時代の社会的な背景について少し書いておく。

警察白書によれば、一九七五年以降の校内暴力の事件数・検挙人数は、いずれもだいたい一九八三年をピークに減少傾向に転じる。八十年代の前半は、たとえば『3年B組金八先生』や『スクール☆ウォーズ』といった人気ドラマでも、荒れ果てた教育環境が前提として作り込まれていた。バイクで廊下を走ったりしていたのだ。ではなぜ校内暴力は沈静化へ向かったのか。諸説があるところだが、ひとつの見方として、徹底的な管理教育による、生徒の抑圧が作用した、というものがある。数字だけをみれば主として中学・高校を舞台にした校内暴力は抑え込まれたが、生徒たちの心性として、たとえそれが表面化する件数は減少したとしても、徹底した管理に対する反抗、という形で対立の構図は残存していたのではないか。まさに心にナイフを抱えて立っていたのだ。この構図は九〇年代に入ると別の形――学級崩壊という形でさらに低年齢化する……。ブルーハーツの「そしてナイフを持ってたってた」は、そうした時代の青年期の対立の構図を、みごとに一行で切り取っていたのだ。
ではこのときの「世界」の実相とは、どんなものだったのか。

君と世界の戦いでは、君に支援せよ

先だって亡くなった批評家の加藤典洋（一九四八‐二〇一九）に『君と世界の戦いでは、世界に支援せよ』という文芸批評集がある。彼の著作のなかでは最初期に属しているもので、単行本は一九八八年に筑摩書房から出ている。本のタイトルは、冒頭に置かれた文芸時評の一文から採られていて、一九八〇年代の日本の、「世界」と「孤独」を考えるうえで、重要な意味を持つ散文だと思う。加藤はこの文章（島田雅彦の「パロディ」をめぐる論考）の最初に、吉本隆明の発言（鼎談「サブ・カルチャーと文学」、『文藝』一九八五年三月号、河出書房新社）を引いている。

もし文化というものを、文化現象とか社会現象とか、そういうものとしてとらえようとするならば、それは（……）いわゆるマス文化というんでしょうか、大衆文化というのか知りませんけれど、そういう（……）問題だけが、（……）全体的な問題たりうるところへきちゃったなという感じをもっているわけです。〔これに対して、孤独感とか内面性というものの運命は、いったいどうなっていくんだということは、少しも解決されていないと思うんですね。僕自身も解決していない。〕僕のなかなるそうじゃない孤独な部分がどうなっていくかというと、追い詰められていくと思いますけれど、その課題は、声を大にしてそれを主張するという段階は過ぎたなと思っているわけです。つまり、〔その問題は〕倫理とか論理とか、あるいはそれを作品化したものとか、批評化したものとか、それでもって（……）やっていく以外にないなというふうに思っていて、（……）マス文化とかサブ・カルチャーの文化がせり上ってきた〔という〕問題に対して、孤独なるカルチャーとか、孤独なる芸術とか、そういうものを対抗させるという段階は過ぎたなと思っているわけなんです。

（加藤典洋『君と世界の戦いでは、世界に支援せよ』筑摩書房、一九八八年、六‐七頁。（……）と〔 〕による挿入は同書のママ）

吉本の使う「マス文化」とか「サブ・カルチャー」という言葉がいまどれくらい正確に伝わるか、はなはだ心もとないのだが、吉本が言っていることを簡単に言えば、人間の「内面の孤独」とやらでサブ・カルチャーの勢いに対抗しようというのは「欺瞞」だ、ということ。加藤はさらにそれを、氷が解けて水位が上がった「海の部分」と、日々狭くなりつつある「陸の部分」で説明している（余計にわかりづらくなっている気配もある）。つまり、海と陸の対比が、五対五、六対四のときは「「社会」と人間の「内面」の対立は、現実的基盤をもっていた」（同書、七頁）。だが、どんどん陸は水没していまや「人間の「内面」」とやらは九分九厘、海に浸食されてしまった、と。だから小説家が人間の

「内面の孤独」をこの関係式に則って書けば、ごくわずかな部分しか表現できないのではないか、ごくわずかな孤独でもいいのか、それはとても「たわいのない孤独」だぞ、というのである。
ところで、「君と世界の戦いでは、世界に支援せよ」というのは、小説家フランツ・カフカの言葉だ。この言葉を加藤は、右に述べた「わずかな孤独」へと応用する。

人間には、時として、世界がそのような形姿で現われる、そういうことがあるのではないか。自分の前にひろがる世界、自分がそこに属する世界、いや、自分がそうである世界が、もはや自分ではない、そうしたことを認めざるをえないというように。（前掲、加藤、九頁）

このとき、人間は、自分の小さな「内面の孤独」を育てて、圧倒的な世界と立ち向かうのか、それとも、世界（「世間」と言ってもいい）の側を支援するほうにまわるのか、選択を迫られる。空疎だが、目の前の世界こそが自分の似姿であることを認めれば、人は世界の側に加担する。そのからっぽさ加減を自身に重ね合わせることを前提に、九分九厘の世界を描くことになる。加藤の文章はそうした状況下でなお、パロディを武器に「世界」に立ち向かう若き小説家（当時）・島田雅彦を論じているのだが、そこには立ち入らない。むろん、問題はそうした「世界」と「個人」（の孤独）の対比のなかで、ブルーハーツは圧倒的に、小さな孤独の側に立っていた、ということを確認したいのである。つまり、「君と世界の戦いでは、君に支援せよ」。

加藤は同論文のなかで、「君と世界の戦いでは、世界に支援せよ」と声を挙げている者として、村上春樹、高橋源一郎、糸井重里、ビートたけし、そして井上陽水を挙げている。いまの時点から考えれば、訝しく思う名前もないではないが、それはまあ、いい。少し考えてみたいのは、糸井重里である。

周知のように、糸井のコピーは八〇年代の消費社会を象徴していた。バブル経済への入口あたりの話だ。「じぶん、新発見」（一九八〇年）、「不思議、大好き」（一九八一年）、そして「おいしい生活」（一九八二年）といった言葉は西武百貨店のキャッチコピーだった。セゾン文化はこのあと、八〇年代に大きな刻印を残す……。私が言いたいのは、「おいしい生活」という言葉の喚起するものと、「そしてナイフを持って立ってた」が喚起するものとが、いかに相反する方向を指していたか、ということである。「不思議、大好き」に比して、「生きるということに　命をかけてみたい」がどれほど泥臭く、汗臭い一行であることか。つまり「君と世界の戦いでは、君に支援せよ」ということだ。ブルーハーツは、九分九厘占領されてしまった自分の孤独を育て、世界に立ち向かうよう、そっと歌っていたのだと思う。これが立ち上がる一行が持っている、比喩を超えた何かである。

そういえば、後年、ハイロウズはこんな歌を歌っている。

曇天（作詞・作曲＝真島昌利）

四つ目の蜜柑の皮を
だらしなく剝きながら　君は言う
そう言えば　あれはどうした？

それよりもあっちのあれが
何したらこれはそれだろ　俺は言う
違うだろ　それはあれだろ

曇天　寒い午後
曇天　目が醒めてきた
曇天　炬燵がちょっと熱すぎるんじゃないか？
曇天　見つかったのか？
曇天　おいしい生活
曇天　炬燵がちょっと熱すぎるんじゃないか？

あれこれと　何だかんだで
つまらなくなってきそうだ　窓の外
退屈に　雪がふりそうだ

二〇〇二年の真島の曲。二〇二〇年、あいかわらず、「おいしい生活」は見つからない。

「ボク」と「あなた」のあいだ
たとえ一パーセントであろうと、「欺瞞」と罵られようと、個人の内側に残っている「孤独」は誰にも売り渡さない、と決意すれば、ずっと自分の裡にひきこもることになる。他人とうまく交通できない——ブルーハーツの詩、わけても甲本の詩は、そうした個人を励ましながら、孤独であり続けることにこだわっている。

それは恋愛を歌っても変わらない。甲本の詩には一定程度、恋愛を扱ったものがあるが、トーンはあくまでも自分中心である。当然そうなる。

ラブレター（作詞・作曲＝甲本ヒロト）

本当ならば今頃　ボクのベッドには
あなたが　あなたが　あなたが　居て欲しい
今度　生まれた時には　約束しよう
誰にも　じゃまさせない　二人の事を

読んでもらえるだろうか　手紙を書こう
あなたに　あなたに　あなたに　ラブレター
新しいステレオを　注文したよ
ボクの所へ　あそびにおいで

ああ…　ラブレター　百分の一でも

ああ…　ラブレター　信じて欲しい
ほかの誰にも言えない　本当の事
あなたよ　あなたよ　しあわせになれ
あなたよ　あなたよ　しあわせになれ

サード・アルバム『TRAIN-TRAIN』に入っている名曲だ。ただ、そもそも「ラブレター」は書かれたのだろうか。手紙を書こうとは言うものの、書いた手紙を郵送する気配はない。自分の告白を「百分の一でも」「信じて欲しい」という思いは切実だ。「百分の一」も信じてもらえない、という気持ちがあるから「信じて欲しい」となる。とすれば、この気持ちに沿って手紙を書いても「あなた」は信じてくれないのだから、手紙を書く意味は（ほんとうは）なくなる。でも「あなた」に語りたいのだ。自分の気持ちを。そのあたりで気持ちはグルグルと回る。出口はない。煩悶する。詩の途中、「新しいステレオ」を「注文」したから「あそびにおいで」と誘っているところがある。この言葉が手紙に書けたのかどうかわからないが、ともかく誘っている。若い人にはおそらくわからないと思うので「新しいステレオ」に言葉を添える。金がない、車もない、もちろん家もない。「ボク」はたぶんアパート住まいだ。地方からの上京者だろうか。持てるものが何もない人間がそれでも恋しい存在（男性か女性かは明言されていない）に声を掛けるとすれば、「ステレオ」くらいが誘惑の唯一の道具だったろう。高品質の凝ったオーディオではない。かといって、システム・コンポ（という日本語は通じるだろうか）やラジカセでもない。自分なりに選んだターンテーブルとプリメイン・アンプとスピーカーがあれば、さほど金をかけずに好みの音は出せる。あとは音楽の勝負。スピーカーから放たれる音楽は、クラッシュやジャムやトム・ロビンソン・バンドよりは、エルビス・コステロの甘いバラードのほうがいいのかもしれない……。ともかく「ボク」は貧乏なのである。

二人称が「あなた」であることにも注意したい。ブルーハーツの詩では人称に繊細な配慮がなされている。この歌に現われる「ボク」――「あなた」の関係性は、二人が微妙な距離を挟んでいることを明白に示している。「俺」――「お前」の暴力的近さや、「僕」――「君」の類型的親密さの感じとは、明らかに違う。そして、距離を挟みながらどこまでも悩み苦しんでいるのは、あくまでも「ボク」だけなのだ。私たちは、世界よりも「ボク」を思わず応援したくなるではないか。

幾度も詩を読み返して気づくのだが、この詩にはジェンダーがない。甲本が歌い上げる姿を目に焼き付けているから、自然と「ボク」が男性で「あなた」が女性であるような錯覚に陥っているだけだ。「ボク」が女性でも男性でもいっこうに構わない。同じく「あなた」が男性でも女性でも構わない。そうした性差を超えたところでこの詩は書かれている。

とすれば、さっき私が書いた小さな解釈――この「ボク」は金がなくて、車も持っていないはずで、家はむろんない――は、まったくダメで、どれほど男らしさに拘泥した視点に基づいているか、を示している。つまり、八〇年代であれ、それ以後であれ、「〜らしさ」の病いに捉われた者（私を含む）が「世界」を作っていったなかで、甲本は一人、そうした固定観念やこじらせの病から、少なくとも「ラブレター」において自由だった、と言えるのではないか。そもそも、「ラブレター」というタイトルから私たちはこの歌が恋の歌だと思って聴いているが、愛も恋も出てはこない。好きも愛してるもない。「ラブレター」という言葉だけが恋愛を保証している。そして、詩の最後、「あなたよ　しあわせになれ」と、相手の幸福を祈念して終わるのだ。「あなた」に「ボク」は積極的に関われない、というか、関わっていない。この距離感。そこを掬い上げる言葉の魅力。卓越した詩である。

じっさい、「ボク」と「あなた」の関係性を換えれば、つまり一人称を「僕」や「俺」や「オレ」や「オイラ」に、二人称を「君」や「お前」に変換すれば、甲本の詩のなかにも、恋や愛や性愛の匂いはたちこめる。たとえばハイロウズの恋愛詩を代表する曲のなかで、甲本はこう書いている。部分だが引用する。

ラララ…

永遠に君を愛せなくてもいいか
十字架の前で誓わなくてもいいか
守れそうな約束と気のきいた名ゼリフを
今　考えているところ

たとえば君に名前なんてなくっても
たとえば君に星座なんてなくっても
思い出す　忘れない
僕はずっと君のこと　考えてるところ

この恋がいつの日か　表彰台にのぼる時
君がメダルを　受けとってくれないか
たとえば千年　千年じゃ足りないか
できるだけ　長生きするから

ラララ…

（「千年メダル」作詞・作曲＝甲本ヒロト）

「恋」は瞬間の恋ではない。「千年じゃ足りない」、つまり「長生き」によって保障される恋でなければならない。この「恋」は「表彰台」と「メダル」によって詩のレベルに引き上げられているが、歌われていることは、ごく類型的なものだろう。幸福感が漂っている。

だからこそ、逆照射されるのは「ラブレター」の孤独感である。「ボク」の孤独なありようが、際立つ。自分の世界に閉じこもる。閉じこもるが、反転する。閉じこもった世界のなかで、自分の満足する地点を目指すのだ、と。

孤独を自己満足に言い換える。甲本は、多くのインタビューで「自己満足」という言葉を出して、インタビューを終えている。究極の自己満足など存在しない、と言いつつ……。

僕は一貫して自己満足です。めざすものは。自分のことばかり、と言われるかもしれないけど、まず自己満足以外の満足って、世の中には存在しないわけじゃないですか。たとえばミック・ジャガーのかわりに東京ドームで歌っても満足しないし、オーティス・レディングみたいに歌えても満足しないんだもん。自己満足するって宇宙一ですよ。宇宙一になっても、まだ足りない。その先をめざすだろうし……。

（前掲『Views』一九九五年十一月号、一三三頁）

「自分のことばかり」とはいい言葉だな、と思う。自分で満足する以外の満足など、たいした満足ではないだろう。ただそのとき、孤絶感は半端ないだろう。そしてそれが恋や愛の歌になったとき、どのような展開があり得るのか。いや、展開ではない。どのような読解があり得るのか、と、じつは私は危惧していた。たとえば「恋のゲーム」（一九九〇年）という曲のように、一人称も二人称もきれいさっぱりなくなったうえに、「恋のゲーム」という言葉だけが延々と繰り返される（二十一回）とき、詩を読む者は、作者の真意を追いかけられなくなる。生意気なことを書けば、自己満足が自己中心性にすべて置き換わるとき、詩は理解不能になる。「あなた」や「きみ」のことが好きだという「ボク」の気持ちだけで、どこまで遠くに行けるのか、という問題である。

「すきになると」

甲本の、この「自己満足」は、できるだけ相手に押しつけない、という感覚に根差している。真島もほとんど同じ感覚を共有しているが、真島はその「押しつけなさ」をレトリカルに語ることができる。甲本の言葉にはそうした回路がない。だから、自分を中心に、自分の欲望に忠実に語ることになる。さっき書いたように、この部分を秘かに私は危惧していたのだが、ある詩を読み、甲本との意外な類縁性を感じて、少しわかった気がした。それは、谷川俊太郎のこんな詩である。

すきになると

すきになるのがぼくはすき
だれかがぼくをきらいでも
ぼくはだれかをすきでいたい
すきなきもちがつよければ
きらわれたってすきでいられる

なにかをすきになるのもぼくはすき
すきになるともっとそれをしりたくなる
しればしるほどおもしろくなる
それがうつくしいとおもえてくる
それがそこにあるのがふしぎなきもち

だれかをなにかをすきになると
こころとからだがあったかくなる
かなしいこともわすれてしまう
だれともけんかをしたくなくなる

谷川俊太郎の「すきになると」という詩だが、甲本ヒロトの詩とごく近いところで書かれている。この詩は何かを「すき」になることを書いているのではなくて、「すきになる」気持ちが「すき」という詩だ。「すき」になる気持ちがもたらすものがある、と谷川は書く。心や体があったかくなるのだ、と。「心のずっと奥の方」から涙が湧いてくる。涙が湧いてくる場所である「花瓶」に水をあげましょう、という言葉が不意に浮かぶ。甲本が書いた「情熱の薔薇」という詩の一節だ。花瓶に水をあげれば、「かなしい」ことも忘れてしまうし、「だれともけんかしたくなくなる」のだ。

谷川のこの詩は、小室等との共著『プロテストソング』(旬報社、二〇一八年)に収められている。そうか、これがプロテストか、と私は思った。谷川は、街頭で大声を上げるよりも、「自分の日々の行いみたいなものがプロテストにつながっているはずだというふうに思っている」(同書、七六頁)と語っている。自分の部屋で、だれかを好きになる、その気持ちこそが好きなのだ、という、そんな気持ちが大切。グルグル回る日常を送っていたとしても、そのこと自体が、自分の「日々の行い」なのであり、その限りで、だれかを「すきになる」気持ちを「すきになる」ことが「けんかをしたくなくなる」のであれば、筋の通ったプロテストになるのだ、ということである。

かくて、話は日常生活と「プロテスト」へと進む。

前に参照したコリーヌ・ブレとの対話のなかでも、甲本は、一言こう言っていた。「僕らは何もしなくても社会に参加しとるわけや」(前掲『THE BLUE HEARTS『1000の証拠』』、五三頁」)。ブルーハーツにとって「社会参加」とは何か、という問題である。

第6章　社会派とは何か

アメリカへ

長いあいだ動かなかった時計の針を動かそう。

一九八九年のブルーハーツだ。この年一月七日、昭和が終わる。平成が始まる。世の中は自粛ムードが続く。ブルーハーツは、一月、「パイナップルの逆襲」のツアーが終わり、二月二十一日、四枚目のシングル「ラブレター／電光石火」を発売する。五月三日、「ON TOUR 1989」がスタート。全国の大きなホールをほぼ制覇する。札幌、仙台、東京、名古屋、大阪、福岡の六都市で、計十三公演を数えた。このツアーのファイナルを飾ったのが、五月三十一日の国立代々木体育館での3DAYS。ブルーハーツの歴史のなかでも画期的なライヴとの評判が高い。黒川創のレポートを引き写そう。

一九八九年五月三十日。代々木室内競技場。僕は、アリーナ席を見下ろすホールに立っていた。一万人以上を収容するという客席は、若い観客たちに埋め尽くされている。アリーナ席をはさんで、遠く僕の真正面に組み上げられているステージの上で、すでにブルーハーツの演奏が始まっていた。
この会場のアリーナ席は、夏のあいだは水が満たされ、プールとして使われているという。そのような場所が、この日は水ではなく、若者たちの無数の肉体によって満たされている。彼らはみんな、踊っていた。しかし、のびのびと踊るには、あまりにぎっしりと詰まりすぎていて、ぴょんぴょんと、上下に跳ねるようにして踊っていた。強い逆光に照らし出される、そんなアリーナ席の様子は、僕の場所から見下ろすと、広いプールの水面が風に揺らめいているみたいだった。
（前掲『僕の話を聞いてくれ』、一二六頁）

このライヴを経験した者は、ブルーハーツの到達した地点の高さを口々に言う。おそらくバンドとして頂点に近い状態だったと推測される。五枚目のシングル「青空／平成のブルース」が六月二十一日発売。並行して様々な野外のライヴも行うが、ライヴが大好きなブルーハーツはまた別の新しい愉しみを見いだそうとしていた。アメリカでのツアーである。「PORTLAND TOUR '89」と題された、初のアメリカツアーは、八月十六日から二十二日まで。オレゴン州・ポートランドのライヴハウス「Starry Night Club」で行われた。その演奏風景がＤＶＤ『ブルーハーツが聴こえない』にわずかに収録されている。曲は「人にやさしく」。甲本は日本語で通している。歌に合わせて部分的に画面に字幕が出る。英語を書き抜いてみよう。

Be Nice　人にやさしく

Feeling like going insane　気が狂いそう
'Cause I love music so much　やさしい歌が好きで
Wish you could hear it　ああ　あなたにも聴かせたい
I'll be like I am now forever　ああ　いつまでもこのままさ
Sweating & struggling　汗をかいて生きよう
Whenever I sing a song　僕はいつでも　歌を歌うときは
Through the microphone　マイクロフォンの中から
I'm saying hang in there　ガンバレって言っている
Wish you could hear me　聞こえてほしい　あなたにも
Hang in there　ガンバレ！

Everybody has a hard time　人は誰でもくじけそうになるもの
Even me, even right now　ああ　僕だって今だって

英語や日本語からの訳に関してあれこれ言える自信はない。ただ、ちょっと気になる点を。二行目「やさしい歌が好きで」の「やさしい」が英語にはない。「音楽がとっても好きだから」になっている。それと、「汗をかいて生きよう」のところ、英語の意味は「汗をかいて闘っている」くらいか。ここはちゃんとハマる英語がなかったのか。でも「生きる」が「闘う」という意味に変化しているのは、

いい感じ。いちばん気になるのは、終わりのほう「マイクロフォンの中から」と甲本は歌うのだが、英語だと「マイクを通して」。そうとしか訳せないのかもしれないが、あらためて、甲本の日本語の表現の面白さを知る。

いずれにしろ、ブルーハーツはこのあと、アメリカでのツアーを精力的に行うことになる。九一年のインタビューで真島は、アメリカでのライヴについて、こう語っている。「どっかで、一番最初にステージに立った頃の様な気持ちもあった。ホラ見てる人は全然知らないでやるわけで、それはおもしろかったよ」(前掲『宝島』一九九一年八月二十四日号、九〇頁)。だが、「知らない」でライヴにやってきたアメリカ人たちは、ブルーハーツの音楽に合わせて踊り狂っている。日本のライヴのような、みんなで合わせるタテノリはないが、各自、自分のリズムでブルーハーツのリズムに没入する感じだ。

ブルーハーツには数種類のベスト盤が存在するが、ベスト盤のひとつ『EAST WEST SIDE STORY』(一九九五年)のライナー・ノーツを書いているのは、「特別有名なライターでもなければ、特別文章が上手いわけでもない」ブルーハーツの「大ファン」であり「一方的な心の友人代表・イノマー」で、その編年体での活動の記述には、心打たれる。彼は、一九八九年についてこう書いている。

'89年は平成の元年ともいう年。ブルーハーツはこの年、5月と9月にツアーを回ったのと、2枚のシングルをリリースするのみの活動となる。そうそう、マーシーがソロ活動を始めたのもこの年であった。

まず、2月21日に『TRAIN-TRAIN』からのシングル・カット「ラブレター」をリリース。バンド・ブームも真っ盛りで、僕の周りにもバンド好きの女の子が増えてきてラッキー!! なんて思ったものの、直接的にはやっぱり何の関係もなかった…。「新しいステレオを注文したよ　ボクの所へあそびにおいで」って言い出せない臆病な僕は当時から何も変わってない。ショボン…。C/Wは「電光石火」。

6月21日にリリースはこれまた『TRAIN-TRAIN』からのシングル・カットで「青空」。これがもう、金玉落ちる位にシビれる、燃えて泣ける曲である。C/Wは「平成のブルース」で10分にも及ぶ超スペクタクル大作。平成元年にブルーハーツが歓迎の意を込めて送ったこの曲は歌詞中に「ロックンロール・スターになりてーなブルーハーツの真似すりゃいいんだろ」という皮肉とも何とも取れるフレーズが突然飛び出してくる。(『EAST WEST SIDE STORY』ライナー・ノーツより)

一九八九年の社会の動きを。平成元年の三月、女子高校生コンクリート詰め殺人事件で、足立区綾瀬の少年四人が逮捕される。四月、消費税スタート。六月、竹下登首相が、政治不信の責任をとって辞任する。同月、天安門事件。七月の参議院議員選挙において、与野党が逆転し、女性議員が増え、いわゆる「マドンナ旋風」が吹く。八月、連続幼女誘拐殺人事件で、宮崎勤容疑者が逮捕される。同月、東京都がオウム真理教を宗教法人と認可。九月、ソニーがアメリカの大手映画会社コロンビア・ピクチャーズ・エンターテインメントを買収した。十一月、ベルリンの壁、崩壊。同月、坂本弁護士一家失踪事件の公開捜査。チェコで「ビロード革命」。十二月、ルーマニアでチャウシェスク政権が崩壊した……。激動の一年である。美空ひばりと手塚治虫と松田優作が亡くなった年でもある。

四枚目のオリジナル・アルバム

翌一九九〇年もブルーハーツの快進撃は続く。一月、ビデオ『ブルーハーツのビデオ』発売。五月には、アルバム『THE BLUE HEARTS』がアメリカで発売され、カレッジ・チャートで上位に食い込む。七月、六枚目のシングル「情熱の薔薇／鉄砲」がリリースされる。八月六日、「HIROSHIMA '90」に参加。九月九日から十月二日まで、本格的なアメリカツアー「MEET THE BLUE HEARTS TOUR '90」を敢行。九月十日、四枚目のオリジナル・アルバム『BUST WASTE HIP』がリリースされる（以上、『ブルーハーツが聴こえない』資料より）。このアルバムから、ブルーハーツはレコード会社を移籍。メルダックからＭＭＧへ。アルバム『BUST WASTE HIP』の内容は次の通り。①「イメージ」（真島）、②「殺しのライセンス」（甲本）、③「首つり台から」（甲本）、④「能天気」（真島）、⑤「夜の中を」（真島）、⑥「悲しいうわさ」（真島）、⑦「Ｈのブルース」（真島）、⑧「夢の駅」（甲本）、⑨「恋のゲーム」（甲本）、⑩「スピード」（真島）、⑪「キューティパイ」（真島）、⑫「情熱の薔薇」（甲本）、⑬「真夜中のテレフォン」（河口）、⑭「ナビゲーター」（甲本）。

このアルバムに関してはやや音楽的な説明が必要と思われるので（他のアルバムに必要がない、という意味ではない）、音楽誌のアルバム評を引用しておきたい。

ＭＭＧ移籍第1弾。このアルバム以降ハイロウズまで活動をともにすることになる、キーボードの白井幹夫がほぼ全曲に参加し、以前よりも厚みやふくらみのあるサウンドを構築している。ザ・フーの「無法の世界」を思わせるようなスケール感のある①、高校生のブラス・バンドが参加した⑭などがその顕著な例。それ以上に強烈なのが、サックス入りの混沌とした音像と円周率を羅列しただけの歌詞という⑩や、インタープレイでギター・ソロが延々と続くサイケデリック・ブルース⑦での、ストレンジというか奇天烈なアプローチ。過去3枚のパブリック・イメージに反発し、新たな見せ方を模索した結果のようなのだが、やや迷走気味というべきか、それが成功したとは言い難い。しかし人気は上がる一方で、本作で初めてのオリコン1位を獲得した。ともあれここから彼らは〝第2期〟に入ったといえる。

(『MUSIC MAGAZINE』二〇〇八年十一月号、ミュージック・マガジン、四一頁)

音楽としてどう評価するか、という判断は識者に委ねる。素人なりに意見を少し書けば、坂田明が参加した二つの曲で、坂田のフ、リ、ー、キ、ー、な(とよく言われる)サックスは吠えまくっていて格好いいし、「悲しいうわさ」はグループ・サウンズっぽくて好みだ。音楽の幅はたしかにひろがっていて、スタート地点からすればずいぶん遠くにきたな、という感想を持つ。

すでに言及したものを別にすれば、詩として特に注目したいのは三曲。「殺しのライセンス」と「キューティパイ」、そして「情熱の薔薇」だ。

殺しのライセンス(作詞・作曲＝甲本ヒロト)

殺しのライセンス　殺しのライセンス
殺しのライセンスを道で拾った
信じられないな　うれしいな
殺しのライセンスを道で拾った

電信柱によじ登り
東京タワーに飛び移れ
ブラックリストのあいつはどこだ
殺しのライセンスは許さない

内ポケットにナイフを秘めて
ジェット機みたいに飛んでく
俺は今日からヘビだ
からみついてゆくぜ

殺しのライセンス　殺しのライセンス
殺しのライセンスを持つ男

可能性というやつを信じて
あと戻りなんてしない
俺は毒ヘビなんだ
しのび込んでゆくぜ

ここまでのブルーハーツのすべての曲のなかで、初めて語り手は動物になっている。「俺は今日からヘビだ」「俺は毒ヘビなんだ」。私の記憶が正しければ、歌われていた動物たちはみな、動物のままだった。語り手はその動物に敬意を持ったり、美しさややさしさを讃えたりしていたのだ。甲本の詩に変化が兆しているのか。

ハイロウズ以後、クロマニヨンズまでを含めるならば、動物や昆虫、つまり人間以外の生物が登場する歌は急増する。「モンシロチョウ」（一九九九年）、「パンダのこころ」（一九九九年）、「クリーミー」（二〇〇一年）、「毛虫」（二〇〇二年）、「ザリガニ」（二〇〇四年）、「ヤゴ」（二〇〇四年）、「キラービー」（二〇〇六年）、「くじらなわ」（二〇〇六年）、「くま」（二〇〇六年）、「タリホー」（二〇〇六年）、「むしむし軍歌」（二〇〇七年）、「ぼうふら」（二〇〇八年）、「ニャオニャオニャー」（二〇〇八年）、「伝書鳩」（二〇一〇年）、「いきもののかん」（二〇一〇年）、「ジャッカル」（二〇一七年）……など。こうした傾向はどんな意味を持つのか、という問いは魅力的ではあるものの、ブルーハーツの問題圏で考える場合、その外にある問いである。一曲だけ引用すれば、「くま」か。

くま（作詞・作曲＝甲本ヒロト）

ばばんばーん　ば　ばばんばーん
出るぞ　お昼のワイドショー
ばばんばーん　ば　ばばんばーん

人気者チーム

くまの自動販売機
真夜中でも　ドングリが買える
くまのふとん乾燥機
冬眠あけには　側頭部に寝グセ

くま　くま　くま　くま　くま　くま　くま　くま　くま

ばばんばーん　ば　ばばんばーん
出るぞ　お昼のワイドショー
ばばんばーん　ば　ばばんばーん
人気者チーム
くまと俺　お祭りで
リンゴ飴を　ペロペロなめた
くまと俺　ほんとうに
逢えて良かった　絶滅の前に

くま　くま　くま　くま　くま　くま　くま　くま　くま

ばばんばーん　ば　ばばんばーん
出るぞ　お昼のワイドショー
ばばんばーん　ば　ばばんばーん
人気者チーム

ばばんばーん　ば　ばばんばーん
だめよ　油断をしていたら
ばばんばーん　ば　ばばんばーん
腕利きの散弾銃

二〇〇六年にリリースされた『ザ・クロマニヨンズ』に収められている曲。「くまの自動販売機」では「ドングリが買える」の一節で、いつも笑ってしまう。一読、甲本が音に魅せられていることがわかる。「ばばんばーん」という、おそらくは散弾銃の発射音（擬音）が十六回、「くま」の音の繰返しが十八回……音を繰り返していくうちに、どこかで快楽のスイッチが入ることを狙っている。熊の殺戮による「絶滅」が意味の取れる範囲では想定されているのだが（ひょっとすると人間のほうが絶滅するのかも）、そうした意味内容と、ほぼ意味を持たない音の連続が、歌のなかに共存している。動物と無意味の二つのテーマである。

では、この歌から、一九九〇年の『BUST WASTE HIP』に折り返すとどうなるか。つまり、「殺しのライセンス」に現われている動物への同化傾向は、形を変えながらも、そのあとの詩の世界の動物増殖へと繋がっていく。一方、このアルバムのなかに突然出現した無意味への傾斜は、「キューティパイ」に象徴される。

キューティパイ（作詞・作曲＝真島昌利）

3.1415926535
897932384626
433832795028
841971693

「作曲」はたしかにそうだが、これははたして真島による「作詞」なのか、という素朴な疑問すら湧くほど、円周率である。数字が続いているにすぎない。これほど明白な意味の拒絶が、かつて歌われたことがあっただろうか？　もっと言えば、人間中心的でヒューマニスティックな読解など無用である、と真島は言っているのではなかったか。意味を剝ぎ取り、音の連続としてさえあればいいのだ、と。このスタンスと、動物になったり動物の名前だけを繰り返す甲本の立場は、ほぼ同一と考えていいだろう。ブルーハーツ名義の曲でも、甲本はたとえば「ボインキラー」（一九九五年）のように、ほぼ無意味な音の連続する曲を作っている。私が聴いた範囲では、甲本のこうした無意味な音への傾斜が極まっているのは、ハイロウズ時代の「ズートロ」（二〇〇四年）ではないか。

ズートロ（作詞・作曲＝甲本ヒロト）

ズートロ　ズートロ　ロー　ズートロ
ズートロ　ズートロ　ロー　ズートロ
ズートロ　ズートロ　ロー　ズートロ
ズートロ　ズートロ　ロー　ズートロ

パートロ　グートロ　オー　ズートロ
モートロ　モートロ　オー　ズートロ

ズートロ　ズートロ　ロー　ズートロ
ズートロ　ズートロ　ロー　ズートロ

ガーントロ　ジーントロ　オー　ズートロ
モートロ　モートロ　オー　ズートロ

ズート　ズート

ズートロ　ズートロ　ロー　ズートロ
ズートロ　ズートロ　ロー　ズートロ
ズートロ　ズートロ　ロー　ズートロ
ズートロ　ズートロ　ロー　ズートロ

私たちは、円周率という無意味さえ、右の音の群れにぶつけることができない。これが何か、ということさえわからない。まったく理解できない外国語のように接するしかない。では、逆に、私たちは外国語の歌を聴くときに、その意味内容を完璧に理解して聴いてるのか、という問いもまたある。むろんすべて理解してなどいない。だいたいこんなことを言っているのだろう、くらいにしか聴いていない。そのいい加減な外国語の聴取の仕方と、まったく音としてしか聴き取れない歌詞の聴取の方法とに、どんな差異があるのか？　意味に縛られすぎなんだよ、と真島と甲本は言っているようにも思う。歌に意味を見いだすこと、意味でがんじがらめにすることこそが、歌の自由を奪うのだ、と。
このことは、彼らが作ってきた歌が、意味中心に聴かれてきたことと無縁ではない。人生に何がしかの意味を見つけることが彼らの歌が人々に及ぼす影響だったはずである。

情熱の薔薇（作詞・作曲＝甲本ヒロト）

永遠なのか本当か　時の流れは続くのか
いつまで経っても変わらない　そんな物あるだろうか

見てきた物や聞いたこと　今まで覚えた全部
でたらめだったら面白い　そんな気持ち分かるでしょう

答えはきっと奥の方　心のずっと奥の方
涙はそこからやって来る　心のずっと奥の方

なるべく小さな幸せと　なるべく小さな不幸せ
なるべくいっぱい集めよう　そんな気持ち分かるでしょう

情熱の真っ赤な薔薇を　胸に咲かせよう
花瓶に水をあげましょう　心のずっと奥の方

いつも以上に甲本は慎重に、言葉を、聴いている私たちのほうに投げているように思う。「時の流れは続くのか」「そんな物あるだろうか」と疑問を呈し、「そんな気持ち分かるでしょう」と同意を求めてもいる。押しつけない態度は顕在化している。ただ基本的には「心のずっと奥の方」に「答え」があり、そこから「涙」はやって来る、という言葉の選択は従来の甲本と同じである。そうした前提のうえに、サビ「情熱の真っ赤な薔薇を　胸に咲かせよう」が来る。一行が立ち上がって来るのだ。サビは一度しかない。情熱の薔薇は一度しか咲かない。オリコンのシングル・チャートで一位を獲得。ブルーハーツにとってこれも一度きりのことだった。この曲はＴＢＳの例のドラマの続編『はいすくーる落書II』の主題歌としてお茶の間に流れた（一九九〇年七-九月）。登場人物に大きな変化はないが、舞台は工業高校から普通高校に変わっている。

なお、クロマニヨンズの「スピードとナイフ」（二〇〇八年）という曲のなかで、甲本は「情熱の薔薇」の問いかけ「いつまで経っても変わらない　そんな物あるだろうか」に答えている。

スピードとナイフ（作詞・作曲＝甲本ヒロト）

夏は二人に暑く　冬は二人に寒く
世界はひとつだった　きのうまでひとつだった
長い階段の上　長い廊下の先に
並んだふたつの部屋　別々の扉がある

変わらないものなんか　何ひとつないけど
変わるスピードが　違ったんだなあ

心を切るナイフ　ためらい知らぬナイフ
ひとふりひと太刀で　別々の傷をつけた

変わらないものなんか　何ひとつないけど

変わるスピードが　違ったんだなあ
スピードとナイフ
スピードとナイフ

一九九〇年はどんな年だったのか。二月、衆議院選挙が行われ、海部俊樹内閣が成立。四月、大手都市銀行の合併が始まる。七月、兵庫の県立高校で登校門限時に、生徒が門扉に挟まれ圧死する。八月、イラク軍、クウェートを制圧、これに対し国連安保理は、限定的な武力行使を決議した。日本は、多国籍軍への十億ドルの資金援助を含む中東支援を発表する。十月、東証株価が二万円を切る。バブル経済の崩壊が始まる。十一月、天皇の「即位の礼」。同月、長崎県の雲仙普賢岳が噴火する。

戦時下へ

少し視点を変えてみる。

私たちはいま、二〇二〇年の現在にいる。そこから三十年前のブルーハーツを眺めている。バンドは小さなライヴ会場からスタートして、徐々に動員を増やし、メジャーデビュー。充実した三枚のパンク・ロックのアルバムをリリースした。アメリカでのライヴも経験した。四枚目のアルバムでは様々な音楽的実験をやった。日本中の大きなライヴ会場も客で埋め尽くした。他に何を望む？　やり尽くしたのか？　ブルーハーツならば「あれもしたい　これもしたい」（「夢」）と歌うのだろうか。たぶんやりたいことなら、数えられないくらいたくさんあっただろう。大きな風船を飛ばして、世界中で演奏してまわる？　それも悪くない。九〇年当時、やっていたことをそのまま維持する？　それも選択肢ではあったろう。

だが、私たちが忘れていることがある。「１９８５」や「チェルノブイリ」に歌われた原子力や核の問題。「戦闘機が買えるぐらいの／はした金ならいらない」（「NO NO NO」）と叫んだ戦争と私たちの自由の問題。それらの問題はどこに行ったのか？　むろんブルーハーツの内側には問題ははっきりと残存していたかもしれない。本当のところは私にはわからない。

ただ、私は、ブルーハーツを社会派ロックバンドだと思ったことはない。政治的なグループだと思ったこともない。こんなことをここでまた事新しく書けば、「音楽に政治を持ち込むな」のようなSNSに溢れる文言がどっと押し寄せてくるのかもしれない。ブルーハーツはしかし、自分たちの快感原則に忠実で、自分たちの出発点を明らかにして、ロックンロールをやってきた。自分が参加している社会に、自分たちなりの仕方で社会参加していた。そう思っている。逆に言えば、私たちの社会だった社会が、消費社会にのみ強烈にシフトしていくとき、ブルーハーツはその社会から振り落とされていく人々に視線を注いだ。それが彼らなりの社会参加だったからだ。初期衝動とともに彼らが抱えていた諸問題が、バンドの成功と相即するようにしてみえにくくなっていったとすれば、それはそれで正確に社会を反映していたのではないか。だが、一九九一年、日本と世界は大きく変動する。一月、湾岸戦争が起こる。「爆弾が落っこちる時」、になったのだ。

爆弾が落っこちる時（作詞・作曲＝真島昌利）

誰一人　望んではいないのに
誰一人　喜んじゃいないのに

爆弾が落っこちる時　何も言わないってことは
爆弾が落っこちる時　全てを受け入れることだ

僕は自由に生きていたいのに
みんな幸福でいるべきなのに

爆弾が落っこちる時　僕の自由が殺される
爆弾が落っこちる時　全ての幸福が終わる

いらないものが多すぎる

大人も子供も関係ないよ
左も右も関係ないだろ？
爆弾が落っこちる時　天使たちは歌わないよ
爆弾が落っこちる時　全ての未来が死ぬ時

いらないものが多すぎる

ファースト・アルバムに収められた名曲。この詩を書いた真島が、全てを受け入れて、何も言わないってことはないだろう。だが、九一年から九二年にかけてのブルーハーツはみえづらい。戦時下のブルーハーツはどうだったのか、と二〇二〇年のこの島から、想像する。

ブルーハーツには「ブルーハーツ集団」という名前のファンクラブがあって、隔月で会報が出ていた。カラー写真も多くファンの声が掲示板のように掲載されていたり、と、微笑ましい内容のことが多いのだが、九一年三月に発行された会報に、真島のロングインタビューがある。そのなかで真島が少しだけ当時の状況について触れている。要旨を述べればこうなるか。

> いま、結構イデオロギーによって良し悪しを決めてしまう傾向がある、歌詞だけをことさら取り上げて、こういう歌詞を歌っているから、このバンドは革新的だとか、このバンドは相変わらずくだらない、とか、どっちかに利するために片方を悪く言う。それが安易な方法だからそうなる。たとえば全然知らないバンドの曲を十曲聴いてみれば、どの曲にもそれなりの良さを感じてしまう。軟弱と言われるような歌詞にも「そうだよなぁ」と思うときがある。否定ばかりしていると心が干からびる……。

インタビュアーが「今たまたまそういう時期だからじゃないけど戦争反対だからってそういう歌詞を歌うだけの方法じゃない」（原文ママ）と、真島の言葉に反応すると、真島は「うん」と短く答えている。

歌詞だけを取り上げてあれこれ言うな、と言われれば私は黙って頭を下げるしかない。ただイデオロギーによって歌詞を、いや「詩」を裁断してはいないつもりだ。右の真島の言葉に感じるのは、社会の情勢に対して、すぐにレスポンスすることへの慎重さだ。戦時下だから戦争反対の歌、ということでなく、ある思想が支配的ならば、それ以外の思想の可能性をめぐって考えるということか。

湾岸戦争と五枚目のアルバム

一九九一年から一九九二年にかけての社会の動きと、ブルーハーツの活動を交ぜて並べてみる。

一月十七日、湾岸戦争勃発。二十四日、政府、湾岸戦争支援に九十億ドルの追加資金協力を決議する。自衛隊機派遣などを決定。湾岸戦争反対集会が各地で行われる。二月、関西電力美浜原発で、原子炉が自動停止する。二十四日、多国籍軍、対イラクの地上戦を開始、二十七日に制圧する。中上健次、柄谷行人、高橋源一郎ら「戦争に反対する「文学者」の討論集会」で声明を発表する。三月、新しい東京都庁が新宿に完成。愛知県岡崎市で「さよなら管理教育全国集会」が開かれる。自衛隊のペルシャ湾への掃海艇派遣を、閣議決定する。「全日本 EAST WASTE TOUR '91」(全国三十四公演)スタート。四月、WOWOW、本放送開始。七枚目のシングル「首つり台から/シンデレラ～灰の中から～」発売。五月、東京・芝浦に「ジュリアナ東京」がオープン。六月、雲仙普賢岳で、大規模な火砕流が発生する。死者・行方不明者、四十三名。ツアーファイナル、NHKホール2DAYS。七月、小説『悪魔の詩』翻訳者、五十嵐一が筑波大学構内で刺殺される。九月、日銀短観で、景気の減速を表明する。海部内閣、衆議院解散する。「朝まで生テレビ」で「激論! 宗教と若者」が放送される。幸福の科学の記事をめぐる、講談社フライデー事件。ビデオ『全日本　EAST WASTE TOUR '91』発売。十月、ユーゴスラヴィア連邦軍がクロアチアへ攻撃開始する。アメリカ東海岸を中心にバスでツアー「THE BLUE HEARTS U.S TOUR '91」。十一月、宮沢喜一内閣成立。自民・公明両党が、衆議院国際平和協力特別委員会にて、ＰＫＯ協力法案を強行採決する。八枚目のシングル「あの娘にタッチ／わーわー（ライブヴァージョン）」発売。十二月、不登校の小中学生、史上最多に。西麻布にクラブ「YELLOW」オープン。「HIGH KICK TOUR」スタート（全国六十公演）。五枚目のアルバム『HIGH KICKS』発売。

一九九二年、一月、脳死臨調、最終答申。脳死を人の死としたうえで、臓器移植を認める。二月、自民党が、国連指揮下での自衛隊の武力行使を合憲と主張する。三月、公示地価が十七年ぶりに下落。コミック表現の自由を守る会、性表現規制に反対するアピール。九枚目のシングル「TOO MUCH PAIN／泣かないで恋人よ」発売。四月、ロス暴動が発生。歌手・尾崎豊、急死。五月、公務員の週休二日制がスタート。地球温暖化防止条約が採択される。六月、「HIGH KICK TOUR」ファイナル、日本武道館２ＤＡＹＳ。ＰＫＯ協力法、衆議院本会議で可決、成立する。七月、政府、「従軍慰安婦」問題の調査結果を公表する。第十六回参議院選挙。投票率で過去最低を記録。八月、ＰＫＯ協力法施行。作家・中上健次死去。「ブルーハーツ集団特別公演　THE BLUE HEARTS　夏休みだよ☆全員集合！」日比谷野外音楽堂。九月、日本人初、宇宙飛行士・毛利衛、アメリカのスペースシャトル「エンデバー」に搭乗する。十月、天皇・皇后、中国を初訪問。十枚目のシングル「夢／皆殺しのメロディ／東京ゾンビ（ライブバージョン）」発売。十一月、雑誌『宝島』にヘア・ヌードが初登場。「PKO TOUR」スタート（全国三十三公演）。

（政治・経済・文化関連の情報は、ＴＶＯＤ『ポスト・サブカル焼け跡派』［百万年書房、二〇二〇年］巻末の年表による。ブルーハーツ関連は、『ブルーハーツが聴こえない』資料より）

右に挙げた活動以外にも、ブルーハーツはたくさんのライヴを行っているが省略した。彼らの活動と、主に政界の動きを交ぜて写してみて感じたことがある。それは、九一年から九二年にかけての世界と日本政界の動き——湾岸戦争勃発→制圧→自衛隊掃海艇派遣閣議決定→ＰＫＯ協力法強行採決→ＰＫＯ協力法施行といった流れ——とともに、ブルーハーツ（だけではなく私たちも）があった、ということだ。あるいは脳死についての議論。あるいは、不登校の児童数の顕在化。地球温暖化防止条約のこと。これら諸問題がおそらく一九九三年の傑作アルバム『STICK OUT』を生んでいる。『STICK OUT』のなかでブルーハーツはふたたび社会との関わりを恢復した……。と、そのまま九三年へと移行する前に、五枚目のオリジナル・アルバム（一九九一年）について触れておこう。

『HIGH KICKS』は、前作のような実験性が後退、明るいポップス色が強く打ち出されている。それはシングルカットされた「あの娘にタッチ」に顕著だ。全十三曲は以下の通り。①「皆殺しのメロディ」（甲本）、②「M・O・N・K・E・Y」（甲本）、③「心の救急車」（河口）、④「あの娘にタッチ」（甲本）、⑤「ホームラン」（真島）、⑥「泣かないで恋人よ」（真島）、⑦「THE ROLLING MAN」（真島）、⑧「東京ゾンビ（ロシアンルーレット）」（甲本）、⑨「HAPPY BIRTHDAY」（河口・甲本）、⑩「闘う男」（真島）、⑪「ネオンサイン」（甲本）、⑫「TOO MUCH PAIN」（真島）、⑬「さすらいのニコチン野郎」（真島）。

私はこのアルバムを語るだけの技量を持っていないが、忘れてならないのは、「TOO MUCH

PAIN」だけが、アマチュア時代から歌われ続けてきたロック・バラードだということ。八八年に自主制作したシングル「ブルーハーツのテーマ」に収録予定だったのが、諸事情により（ってどんな理由なのか……）見送られ、ついに五枚目のアルバムで音源化され、ファンは歓喜した、という逸話まで残っている。

TOO MUCH PAIN（作詞・作曲＝真島昌利）

はみだし者達の遠い夏の伝説が
廃車置場で錆びついてらあ
灰色の夜明けをただ黙って駆け抜けて
あなたに会いに行けたらなあ

思い出す　月明かりに濡れた
人気のない操車場で
それぞれの痛みを抱いたまま
僕等必死でわかりあおうとしてた
歯軋りをしながら

あなたの言葉がまるで旋律のように

頭の中で鳴っている　TOO MUCH PAIN

つめこまれてきたね意味のないガラクタだけ
情熱を感傷に置きかえ
思い出によりかかるあなたを見たくはないよ
打ちのめされた横顔を

忘れないあなたの白い肩
触れたらもう崩れそうな
今だけさ明日はわからない
そして風が言葉もなく吹き抜けた
僕等の手の中を

あなたの唇動くスローモーションで
僕は耳をふさいでる　TOO MUCH PAIN

もう一度　まだまにあうはずさ
まだ今なら遅くない
もう二度と戻る事はないよ

僕はまた一歩踏み出そうとしてる
少しこわいけれど
あなたの言葉は遠くもう聞きとれない
何かがはじけ飛び散った　TOO MUCH PAIN

物語派の詩人・真島の面目躍如たる一曲だろう。詩人としての初期の口調が残っている。一言、個人的な嗜好を。甲本の「ネオンサイン」という曲の一節、「あれは　ネオンサイン／真夜中の道しるべ／犬も猫も人間も／寄り道するんだよ」は、ほんとうに素晴らしいと思う。

『STICK OUT』と『DUG OUT』

こうして私たちは、一九九三年に辿り着く。ブルーハーツが最後の輝きを放った年。前年（一九九二年）から続く「PKO TOUR」は一月三十一日、渋谷公会堂でファイナル。二月、六枚目のアルバム『STICK OUT』をリリース。同じく二月、十一枚目のシングル「旅人／台風」を発売。三月からはアルバム発売に合わせた「STICK OUT TOUR」がスタート。五月には、「THE BLUE HEARTS MEET MUTOID」。同じく五月に十二枚目のシングル「１０００のバイオリン／俺は俺の死を死にたい／１００１のバイオリン」発売。六月、「STICK OUT TOUR」ファイナル。七月、七枚目のアルバム『DUG OUT』を発売。八月、十三枚目のシングル「PARTY／CHANCE」発売。十月、十四枚目のシングル「夕暮れ／すてごま（ライブバージョン）」発売。同時に、「凸凹ＴＯＵＲ（デコボコ珍道中）」前半戦、スタート（全国三十二公演）。十一月『ブルーハーツのビデオ2』発売。年を跨いで、一九九四年四月、「凸凹TOUR（デコボコ珍道中）」後半戦スタート……（『ブルーハーツが聴こえない』資料より）。

九三年の充実した活動がうかがえる。二枚のアルバムを、二月と七月にリリースしているが、通算六枚目のアルバム『STICK OUT』と七枚目『DUG OUT』は、もともと一枚のアルバムにするために曲を集めたが、結局は曲のタイプで、スピード感のあるものが『STICK OUT』に、ミディアムやスロー・テンポのものが『DUG OUT』に収められることになった。このあたりの事情をプロデューサーの今井裕が語った言葉がある。今井といえば、（私のような年齢の者には）サディスティック・ミカバンドのキーボード奏者。「ブルーハーツをまだ終わらせたくないっていう、強い思い」を持っていた今井は、こう語る。

両作〔『STICK OUT』と『DUG OUT』〕の発売時期は5ヶ月くらいしか離れていなかったので、制作側としては2枚組を創る感覚に近かったと記憶しています。スピード感のある『STICK OUT』とスローなイメージの『DUG OUT』と、はっきり色分けをしていたんです。2枚ともミキサーにはエアー・スタジオ（ビートルズを手がけたジョージ・マーティンが創設した録音スタジオ）に居たスティーヴ・ジャクソンというエンジニアを起用しました。音楽ファンが一聴して、「ブルーハーツがまた勢いを取り戻したな」と思えるようなイメージを狙いたかったんです。従来までのローテックなミックスから脱却することで、ブルーハーツの音楽に新しい何かをプラスできればと考えていました。一言でいうなら『STICK OUT』は、ベースがガチッと安定したロック・サウンドの王道を目指したんです。〔中略〕『DUG OUT』は、ミディアムとスロー・ナンバーばかりで構成された、彼らにとってもあらゆる意味でハードルの高いアルバムでした。それまでもアルバムには1、2曲はバラードはありましたが、フルでやるのは初めて。いつもはテイク1から多くてもテイク3位で歌入れが完了するヒロトが、「歌い方が気に入らなければいって欲しい。何回でも僕はやるから」っていうんです。確かにそれまでのバラードには、ちょっと中途半端なイメージがありましたからね。スティーヴ・ジャクソンと一緒に時間をかけて、テンポを変えたり、キーを変えたり、ときにはアレンジも変えてレコーディングを進めていきました。『STICK OUT』を含み従来のブルーハーツはライヴ感覚で一発録りをメインにずっとやってきましたが、本作はスタジオにおけるプロセスをとても重要視しています。〔中略〕スケジュールが押してきて、コンサートが終わるとメンバーがスタジオに来るという中でレコーディングを行いました。ライヴを終えた後だから、彼らは「音に迫力がないなぁ」とかいい出して。「それは君たちの耳がライヴでイカレてるからだよ」って（笑）。正直なところ、困ったなぁと思っていました。

インタビュアー＝金子飛鳥さんを中心としたストリングス、ザ・ダーティ・ダズン・ブラス・バンドなどの起用も、今井さんのアイデアですか？

そうですね。面白かったのは、クラシック畑のミュージシャンの中にも、ブルーハーツの熱烈なファンが居るんですよ。何だか妙にソワソワしていて、仕事モードとは違ったヤル気がこちらに伝わってきました。そのとき、強烈に感じたのがブルーハーツの〝バンド・パワー〟でした。〔中略〕ある意味、それを逆手にとったのがダーティ・ダズン・ブラス・バンドの起用でした。僕は昔から彼らのことをアメリカの宝だと思っていましたから、ブルーハーツのメンバーたちも彼らの音楽に直に触れることで、何かをつかんでくれたらと考えたんです。僕自身、サディスティック・ミカ・バンドの時代にクリス・トーマス（ビートルズも手がけたエンジニア）から、「これから先音楽を続けていくつもりなら、もっと違うやり方があるぞ」といわれていました。でも、そんなアドヴァイスの仕方はブルーハーツのメンバーには合わないだろうと考え、とにかく「刺激を求めにアメリカに行こうぜ」というノリで。ヒロトは元々シカゴ・ブルースが好きでしたし。

（前掲『別冊宝島　音楽誌が書かないJポップ批評20』、一〇〇‐一〇一頁）

引用が長くなった。内側からの声は興味深い。

『STICK OUT』の曲は以下の通り。①「すてごま」（甲本）、②「夢」（真島）、③「旅人」（甲本）、④「期待はずれの人」（甲本）、⑤「やるか逃げるか」（真島）、⑥「テトラポットの上」（甲本）、⑦「台風」（真島）、⑧「インスピレーション」（河口）、⑨「俺は俺の死を死にたい」（真島）、⑩「44口径」（甲本）、⑪「うそつき」（真島）、⑫「月の爆撃機」（甲本）、⑬「1000のバイオリン」（真島）。

『DUG OUT』のほうも以下に――。①「手紙」（真島）、②「緑のハッパ」（甲本）、③「トーチソング」（真島）、④「雨上がり」（真島）、⑤「年をとろう」（真島）、⑥「夜の盗賊団」（真島）、⑦「キング・オブ・ルーキー」（甲本）、⑧「ムチとマント」（甲本）、⑨「宝もの」（河口）、⑩「夕暮れ」（甲本）、⑪「パーティー」（甲本）、⑫「チャンス」（真島）。今井の言葉にあった、金子飛鳥率いる飛鳥ストリングスの演奏が聴こえるのは、「手紙」と「夜の盗賊団」。ニューオーリンズのブラス・アンサンブル、ダーティ・ダズン・ブラス・バンドは「緑のハッパ」に参加している。

「すてごま」と「やるか逃げるか」

一九九四年三月十九日、NHK BSでのオン・エア。会場は、NHKホールのようだ。甲本はカーキ色のアーミー・ジャケットの下に白いTシャツを着ている。おや、と思う。カーキの軍パンに、カーキのジャケットのスタイルだが、いつものライヴ（凸凹TOUR）なら、素肌にジャケットだったはず。白いTシャツはなぜ？　歌が始まる。

すてごま（作詞・作曲＝甲本ヒロト）

おろしたての戦車でブッ飛ばしてみたい
おろしたての戦車でブッ放してみたい
何か理由がなければ　正義の味方にゃなれない
誰かの敵討ちをして　カッコ良くやりたいから

君　ちょっと行ってくれないか
すてごまになってくれないか
いざこざにまきこまれて
泣いてくれないか

あの娘に俺が何をやったのかなんて

覚えてるはずがないだろう　俺はやってない
何かきっかけさえあれば　次は俺の順番だ
今度こそやってみせる
やってやってやりまくるんだ

甲本の白いＴシャツの胸元には「ＵＮ」の二文字。甲本は「やってやってやりまくる」のところで強く腰をふる。マイクをペニスに見立てて股間に押しあてる。マイクをしごく。歓声とも嬌声ともつかない声があがる。カメラは甲本を追い切れない。いや、一瞬だが、彼をフレームからはずしている……。

潜水艦も持ってる　魚雷も積んでる
戦闘機も持ってる　燃料はいつも
満タンにしておいてある
いつでも飛び立てるように
すべてを焼きつくすほどの爆弾が出番を待ってるぜ

君　ちょっと行ってくれないか
すてごまになってくれないか
いざこざにまきこまれて

「すてごま」は、ＰＫＯ協力法についての歌、と言われている。甲本の白いＴシャツの「ＵＮ」がすべてを語っている。根拠はいくつかある。収録アルバムである『STICK OUT』のリリース直前まで行っていたツアーは「PKO TOUR」であり（いちおう、この「ＰＫＯ」は「PUNCH KNOCK OUT」の略ということになってはいる）、詩をみても、自衛隊が国連平和維持活動への協力の名のもとに、戦後初めて、海外へ派遣されること、その法制化への明らかな言及が前提になっている。「すてごま」とは、これからもし自衛隊が派遣され、紛争地域で戦闘に巻き込まれ、落命するとすれば、それこそが「すてごま」であり、「いざこざ」に巻き込まれたうえでの死、ということになる、と言外に語っている。すでに述べたように、日本で「国際連合平和維持活動等に対する協力に関する法律」、いわゆる「ＰＫＯ協力法」が成立するのは、一九九二年の暮れであり、カンボジアＰＫＯには、自衛隊に加え、七十五人の警察官も派遣された。ブルーハーツが『STICK OUT』を発表してから三カ月後の一九九三年五月には、ＵＮＴＡＣに文民として初めて参加していた岡山県警の高田晴行警視が、ポルポト派とみられる武装ゲリラに襲撃され、殺害されるという事件も起きている。

さて「すてごま」の詩をどう読むか。

素朴な問いから始めてみよう。なぜ「ＰＫＯ」なのか、と。これは、どうして湾岸戦争ではないのか、ということだ。湾岸戦争への「参加」の仕方がＰＫＯ協力法法制化へ繋がったとすれば、どうして湾岸戦争に対して、態度を明らかにしなかったのだろう。

「チェルノブイリ」を思い出そう。あのとき、ブルーハーツの歌にあったのは、感情の当事者性、ということだ、と私は書いた。そこから推論するならば、湾岸戦争に対して反射的に反対の言葉を紡ぐよりも、ＰＫＯ協力法への違和（とはっきり歌っているわけではない）のほうが、彼らの日常に近い、ということではなかったか。「やる」という言葉に反応する、あからさまなセックスへのほのめかしを、甲本が身体的に行うのも、彼らの日常との近さを示しているのではないか、とも思う。

むろん、すぐにこう反論されるだろう。

甲本はこのライヴに限らず、下半身を開放することが頻々としてあったのだ、ライヴのＭＣでは一定程度、下ネタもあった、だから「すてごま」だけを取り出して、セックスへの言及に意味づけるのは如何なものか、と。たしかに。だが、逆に言えば、そうした普通の反応、甲本の日常のなかにこの歌はある、ということも言えるのではないか。もう少し考えてみる。

ノンフィクション作家の武田徹は、「すてごま」についてこう書いている。

> たとえば、カンボジアＰＫＦ派遣にインスパイアされて書かれた「すてごま」では〈おろしたての戦車でブッ飛ばしてみたい〉と歌う。高田渡の「自衛隊に入ろう」は単純な「誉め殺し」の歌だったが、ヒロトの詞のほうがはるかに屈折している。〈何か理由がなければ正義に味方にゃなれない／誰かの敵討ちをして　カッコ良くやりたいから〉というフレーズには自分たちの生き方全般を振り返る視線があり、それが作品を、ＰＫＦを嘲笑することで非難しようとする単なる戯れ歌の域に留めない。〔中略〕こうして善悪や虚実を二分するのではなく、周囲を見渡し、自分を振り返り、その都度、言うべき言葉を彼らは歌っていく。このスタンスは、社会告発を一種の「ポーズ」としてまとうようになる後のＪポップ・グループには見当たらないものだ。

（前掲『別冊宝島　音楽誌が書かないJポップ批評20』、一二五頁）

前半の指摘に対して、高田渡の「自衛隊に入ろう」は「単なる戯れ歌」だからこそよかったのだ、と（ひとまず）反論を書いておくが、後半、武田が書いていることはその通りである。ブルーハーツが自分はどうするんだ、自衛隊に入っている自分がいるとして、自分はどうする、どうする、と問いを内心で突きつけたあとに、歌が出てきている。そのあとに、歌のなかで自分の内側を言葉にして吐き出すのである。武田はそこを評価している。しかし、そこまで言うのならば、「ひこうき」や戦車といったアイテムを歌に埋め込んでいた高田渡の歌を並べてみたくもなる。

高田渡は、ピート・シーガーが作曲し、マルビナ・レイノルズが作った歌詞を、日本語に大胆に変換している。歌の大意だけでも述べておくと、みなさんのなかに、自衛隊に入りたい人はいませんか、と繰り返す。自衛隊では人材を求めているから、入ろう、と繰り返す。だが単に入隊を勧めるのではない。男として生まれたからには、自衛隊に入ったうえで、「花」と散ろう、と呼びかける。自衛隊には鉄砲や戦車やロケットをはじめ、様々な武器が揃っているので、関心をお持ちの方には、適している集団だと思いますよ、とこれも、軽口のような、けっしてそんなこと、本心では思ってはいないな、と聴く者たちに思わせるような、飄々とした語り口で、一曲を歌うのである。

高田がこの歌を歌ったのは、一九六八年。翌年、URCレコードから発売されている。高田自身が語っていたが、この歌を聴いて本当に自衛隊に入った人の存在を知った高田は、その「戯れ歌」性が理解されないことを悲観して、以後長い間封印していた。「鉄砲」や「戦車」や「ひこうき」のくだりは、やはり「すてごま」の「潜水艦も持ってる」以下のくだりを連想させはする。この歌の持ち味は、諷刺というより反語性である。それが理解されないと、歌の存立が揺らぐ。反語でも、反対でもなく歌を作る――社会のことを歌おうとすると、ここにハマるのではないか。「君　ちょっと行ってくれないか／すてごまになってくれないか／いざこざにまきこまれて／死んでくれないか」には、逃げ場がない。もっと言えば、甲本の得意とする立ち上がる一行がない。

　では、どう解釈するか？

　私なりに「読解」を提案するならば、真島の書いた詩「やるか逃げるか」と併せて読んでみてはどうか、ということだ。同じアルバムのなかに収められた真島のこの歌も、やはりカンボジアＰＫＯをめぐるあれこれを込めた歌である。

やるか逃げるか（作詞・作曲＝真島昌利）

南の国へ行こう
日焼けでもしに行こう
死んだらそれでさようなら
勲章の一つでももらえるかもしれない

南の国へ行こう
ダイエットしに行こう
死んだらそれでさようなら

面と向かってキックされたらどうするんだ?

やるか逃げるか　どうする?
やるか逃げるか　どうする?

戦車に乗れるかもよ
マシンガン撃てるかも
死んだらそれでさようなら
安っぽいヒロイズム　嫌いじゃないもんな

愛するあの娘のため
平和を守るために
死んだらそれでさようなら
不条理に不意打ちを食わされたらどうする?

やるか逃げるか　どうする?
やるか逃げるか　どうする?

「南の国」という言い方で、唯一「国」が単語としてブルーハーツの詩に登場する箇所である。もちろん「南の国」はカンボジア（私はずっと「南の島」だと勘違いして聴いていた。曲の空気は「南の島」なのだが）。戦車に乗れるかもしれないから「やる」？　マシンガンが撃てるかもしれないから「やる」？でも「死んだらそれでさようなら」だよ、「逃げる」？「安っぽいヒロイズム」も嫌いじゃないもんな、「やる」？　加川良なら「おにげなさい」というところだ。だが、真島は「おにげなさい」とは言わない。問いを繰り返すだけだ。どうする？　と。まだやってもいなければ、逃げてもいない。その手前で、どうする？　と問いを投げかけている。

やってもいないし、逃げてもいないのに、逃げる、と宣言して（正確にはそう宣言する歌を作って）袋叩きにあった歌手がいる。今年生誕百年を迎えたボリス・ヴィアンだ。

脱走兵（作詞・作曲＝ボリス・ヴィアン）

大統領閣下
あなたに手紙を書きます
おそらく読んでくださるでしょう
お時間があれば
私はいま受け取ったところです
召集令状を
戦争へ旅立つよう促す、あの書類です
水曜の夜までに、と

大統領閣下
私は戦争をやりたくないのです
私はそこにいたくないのです
かわいそうな人を殺すために
あなたを怒らせたいのではありません
でも言わなくちゃならない
決心したんです
ここからいなくなろう、と〔以下略、拙訳〕

ボリス・ヴィアンは戦後すぐのパリの人気者。小説を書き、歌を作って歌い、トランペットを吹き、映画に出た。三十九歳で夭折する。彼が遺した膨大な歌のなかで、右の歌はとりわけ話題をさらった。この歌が発表されたのが、一九五四年、アルジェリアとフランスの間で独立戦争が起こった年だった。退役軍人を中心に、この歌を禁止しようとする運動まで持ち上がる。だが、ヴィアンは笑っていた。たいした歌じゃない、と。一番だけしか訳していないが、この歌のタイトル「脱走兵」には強い違和感があることは理解できるだろう。脱走兵は、戦場から逃げるのである。だが主人公は、戦争に行っていない。行かずに、逃げる、と宣言しているのだ。だから正確には脱走ではない。「脱走兵」ではない。徴兵忌避者だ。戦争に行くか逃げるか迷った挙句、逃げることにした者、の歌だ。逃げる、という選択をすれば、ヴィアンのように批判にさらされる。騒ぎになる。騒ぎは流行になる。その前で、立ち止まる。真島は立ち止まる。「やるか逃げるか」、どうする？　と。

真島の詩はギリギリの選択だったのではないか。これ以上踏み込めば、やるか逃げるか、逡巡する気持ちを押し切らねばならない。真島の詩はいつも押しつけない。自分はこう感じているけれど、それは自分の感情だから、それを歌に込めるけれども、その感情に共振するかどうかは、聴いている側の問題だと、言っているように聴こえる。この押しつけない感じと、甲本の「すてごまになってくれないか／〔中略〕死んでくれないか」は微妙なバランスをとりながら、傑作アルバムのなかに漂っている。

「1000のバイオリン」

通算六枚目のアルバム『STICK OUT』（一九九三年）はオリコン・アルバムランキングで一位に輝く。

すでに述べた二曲以外では、やはり「1000のバイオリン」が気になる。


1000のバイオリン（作詞・作曲＝真島昌利）

ヒマラヤほどの消しゴムひとつ
楽しい事をたくさんしたい
ミサイルほどのペンを片手に
おもしろい事をたくさんしたい

夜の扉を開けて行こう
支配者達はイビキをかいてる
何度でも夏の匂いを嗅ごう
危ない橋を渡って来たんだ

夜の金網をくぐり抜け
今しか見る事が出来ないものや
ハックルベリーに会いに行く
台無しにした昨日は帳消しだ

揺籠から墓場まで
馬鹿野郎がついて回る
1000のバイオリンが響く
道なき道をブッ飛ばす

誰かに金を貸してた気がする
そんなことはもうどうでもいいのだ
思い出は熱いトタン屋根の上
アイスクリームみたいに溶けてった

ヒマラヤほどの消しゴムひとつ
楽しい事をたくさんしたい
ミサイルほどのペンを片手に
おもしろい事をたくさんしたい

この歌には年齢なんか関係なく、人を惹きつけ、変えてしまう部分がある。それが何なのか、私ははっきりと指摘することができない。宮崎あおいでなくとも、思わず口ずさんでしまう。『仁義なき戦い』シリーズの映画監督・深作欣二が「人生で最も好きな曲」（『MUSIC MAGAZINE』二〇一五年三月号、ミュージック・マガジン）として挙げていたり（彼の葬儀にはこの曲のオーケストラ・ヴァージョン「1001のバイオリン」が流されたという）、辛口で知られる新進の或る音楽評論家が褒めている文章を読むにつけ、私なりにこの曲の魅力を解釈したいとも思ったのだが、前掲『EAST WEST SIDE STORY』のライナー・ノーツを書いている「イノマー」がこの曲に寄せた一文を超えるものを、私はいまだに読んでいない。

「1000のバイオリン」を聴くたびに、僕は子供の頃住んでいた、市営団地の真ん中にそびえ立つ、青空に抜ける真直ぐな給水塔を思い出す。友達の虫カゴから逃がしてしまったあのセミはあれからどうなったんだろうか？　見るもの全てが新鮮だったあの遠い夏休みの記憶は、金網を乗り越え、有刺鉄線をくぐり抜け、どこまでもどこまでも走り続けた広大な空き地のどこかに置き忘れてきてしまったのかもしれない。何も考えずに大きな口を開けて笑い合えた友達は、今、窮屈な背広に身を包み「疲れた」しか言わなくなってしまった。僕はふと考える。10年前、ニーハイに〈ア・ストア・ロボット〉で買ったラヴァー・ソールを履いて、CASH FROM THE CHAOSと胸に入ったロング・スリーヴのTシャツを着てた、三つ編みの女の子はこの曲を聴いただろうか？　「1000のバイオリン」にちゃんと出逢えただろうか？　僕がダビングしてあげたブルーハーツのライヴ・テープはあのきちんと整理されたカセット・ラックに今でも収納されているだろうか？　スミマセン。どうでもいいんだそんなことは!!　ただ…。「1000のバイオリン」を聴く度に、僕はひどく頭が混乱する時がある。僕の友達はこの曲を聴いて、7年間勤めていた会社を辞めた。〔前掲ライナー・ノーツより。一部、字句を改めたところがある〕

右の文章はほぼ真島昌利の詩の言葉でできている。真島の詩に親しみ、彼の世界に溺れることでしか書けない言葉で構築されている。それらの言葉で「1000のバイオリン」から受ける衝撃を語る――そんな微笑ましい意図に貫かれている。

そして、少しだけ「イノマー」について。二〇一九年、「イノマーさん」は亡くなっている。彼の死亡を伝える「ORICON NEWS」のウェブサイトより記事を一部、引用する。

かねてより口腔底がんで闘病中だった性春パンクバンド・オナニーマシーンのリーダーで元雑誌編集者のイノマーさんが〔二〇一九年十二月〕19日午前2時50分、都内の病院で死去した。53歳だった。〔中略〕イノマーさんはオリコンが発行していた週刊誌『オリコンウィークリー』の編集長に同社当時最年少の29歳で就任。ガガガSP、氣志團、サンボマスター、峯田和伸〔銀杏BOYZ／当時GOING STEADY〕といった人気バンドマンらを数多く紹介し、亡くなる直前まで親交が続いた。〔中略〕オリコン在籍中の1999年12月24日、〔中略〕3人組ロックバンド、通称オナマシを結成。退社後の2003年7月、サンボマスターとのスプリットアルバム『放課後の性春』でメジャーデビューを飾ると、シーモネーター〔現SEAMO〕とのコラボレーションシングル『家出／恋のABC』なども発表し〝童貞のカリスマ〟の異名もとった。

「イノマー」への愛情に溢れている。

第7章　俺は俺の死を死にたい

「私の死」の固有性

意外に思われるかもしれないが、ブルーハーツには死を主題にした歌がかなりある。「死にたかないけど死ぬかもよ」（「東京ゾンビ（ロシアン・ルーレット）」、『HIGH KICKS』収録、一九九一年）と歌ったこともある。多くの場合は、いつ死ぬかわからないから、いまを充実して生きよう、と反転する。いまが大事だから、いましかないから、いまを生きよう、と。「ブルースをけとばせ」で、真島は独特の圧し潰した声で、こう歌っている。

ブルースをけとばせ（作詞・作曲＝真島昌利）

70年なら一瞬の夢さ
70年なら一瞬の夢さ

やりたくねえ事　やってる暇はねえ
やりたくねえ事　やってる暇はねえ

冗談みたいな世の中だからさ
冗談みたいな世の中だからさ

やりたいようにやらせてもらうぜ
やりたい放題　やらせてもらうぜ

DA-DA-DA-DA-DA
DA-DA-DA-DA-DA
DA-DA-DA-DA

ブルースをけとばせ

運命なんて自分で決めてやらあ
運命なんて自分で決めてやらあ

悪い日もあれば　良い日もあるだろう
晴れたり　くもったり　雨が降ったり
あいつは淋しさに打ちのめされた
あいつはみじめな気持ちを抱いてる
あいつは不安で夜も眠れない
ブルースが俺の肩に手を回す

DA-DA-DA-DA-DA
DA-DA-DA-DA-DA
DA-DA-DA-DA　ブルースをけとばせ

70年なら一瞬の夢さ
70年なら一瞬の夢さ
やりたくねえ事　やってる暇はねえ
やりたくねえ事　やってる暇はねえ
今夜ブルースをぶちのめしてやる
今夜ブルースをぶちのめしてやる

ジャイアント馬場みたいにやってやる
マイク・タイソンみたいにやってやる
DA-DA-DA-DA-DA
DA-DA-DA-DA-DA
DA-DA-DA-DA

ブルースをけとばせ

サード・アルバム『TRAIN-TRAIN』（一九八八年）に入っている曲。「ジャイアント馬場」や「マイク・タイソン」にはどうしても時代を感じるが、真島の言葉からは、とにかくいまを精一杯生きる、というダイレクトでシンプルな決意が伝わる。変化球ではない。人生はたかだか七十年、逆算してみろよ、うかうかしていられない、となる。寿命を七十年と区切る、若者にしかできない特権が行使されている。だから、『DUG OUT』（一九九三年）で「年をとろう」という歌を聴いたときは、感慨があった。あのブルーハーツが「長生き」を歌うなんて！

年をとろう（作詞・作曲＝真島昌利）

過ぎて行った時が

まるで永遠に続く
土曜日の夜ならば
今日は何曜日なんだろう

過ぎて行った時が
夢まで連れていったら
それは悪いことじゃない
もっと強い夢が見れる

年をとろう
風のように軽やかに
そして楽しいことをしよう

過ぎて行った時は
錬金術を使う
良くも悪くも使う
俺のシッポにまた火がついた

年をとろう

風のように軽やかに
そして楽しいことをしよう

過ぎて行った時は
錬金術を使う
良くも悪くも使う
俺のシッポにまた火がついた

冒頭の四行にいきなり持っていかれる。「過ぎて行った時が／まるで永遠に続く／土曜日の夜ならば／今日は何曜日なんだろう」。過ぎて行った時間、つまり過去が「永遠に続く」「土曜日の夜」という表現は、これまでの真島にはなかったものだ。過去が永遠に続く？　いや、そうじゃない。永遠に続く（ように思えた）のは「土曜日の夜」なのだ。夜の闇に紛れて、あるいは輝くライトの下で、踊り明かし、走り続けた、あの「土曜日の夜」。自由を謳歌した時間の束。それが過去になり、過去のなかに輝きが埋蔵される。「今日」は、何曜日なのかすらわかななない。少なくとも土曜日ではない。その夜ではない。では過去を懐かしむ歌？　むろんそうではない。輝く過去とくすんだ未来の対比ならば凡庸すぎる。過去は「錬金術」を使う。そして未来を触発する。「俺のシッポにまた火がついた」。未来に向けて動き出すんだ。過去は「錬金術」で語り手の気持ちを煽る。だから未来へ向けて「年をとろう」と。「現在」は曜日もわからぬほど不確定かもしれない。しかし輝く「過去」が「未来」を刺激する。未来へ向けて「年をとろう」……。真島の歌声は優しい。

真島は変わったのか。ひたすらな充実を求めていた「現在」と、五年の時間を挟んで歌われた「過去」と「未来」の連携とでは、質的な違いがあるのだろうか。別に変わっていない、と思う。「現在」が没落したわけではない。ただ、「現在」の充実を希求すればするほど、「現在」とは何か、充実すべき時間とは何か、それを求める「私」とはいったい誰か、という問いを無限にループさせざるを得ず、どんどん不確かになっていく。内省しなくてもいいなら、こんなに簡単な話はない。だが、真島の書法には内省は不可欠だ。結果、不確定な「現在」をすっ飛ばして、「過去」が「未来」を触発する歌へと結びつく。三者のなかで最も確かなのは当然「過去」である。「過去」は事実だからだ。だが「過去」は「現在」の不確定を説明しない。その原因ではないからだ。「現在」や「いま」が不確かなのは、「未来」の先にあるもの、つまり「死」が現在を脅しているからである。

「死」という言葉は、ポピュラーソングの歌詞に使われることは少ない。「死んでもいいから」とか「死んでも離さない」とか、他の価値観を補強するようにして使われることはある。だが、「死」そのものを歌うことはあまりないだろう。その意味で「死」を歌っている真島の「俺は俺の死を死にたい」（一九九三年）は、ブルーハーツの歌のなかでも特異なポジションを占めている。

俺は俺の死を死にたい（作詞・作曲＝真島昌利）

誰かの無知や偏見で
俺は死にたくはないんだ
誰かの傲慢のせいで

俺は死にたくはないんだ

俺は俺の死を死にたい
俺は俺の死を死にたい

車輪の下で苦しむより
長い靴下を履いてる
ピッピと遊びに行きたいな
ほら男爵も誘おうか？

俺は俺の死を死にたい
俺は俺の死を死にたい

豚の安心を買うより
狼の不安を背負う
世界の首根っこ押え
ギターでぶん殴ってやる

俺は俺の死を死にたい

俺は俺の死を死にたい

寝たきりのジジイになって
変なくだをぶちこまれて
気力も萎えきっちまったら
無理して生き延びたくはない

俺は俺の死を死にたい
俺は俺の死を死にたい

豚の安心を買うより
狼の不安を背負う
世界の首根っこ押さえ
ギターでぶん殴ってやる

いつか俺はジジイになる
時間は立ち止まりはしない
いつか俺はジジイになる
時間は立ち止まりはしない

時間は立ち止まりはしない
時間は立ち止まりはしない

「ジジイになる」の箇所は、ライヴでは「ババアになる」「ウメボシ・ババアになる」等、様々に言い換えられている。冒頭の一段、誰か他の人間の「無知」や「偏見」や「傲慢」で死ぬことは御免蒙りたい、と。当時の社会の動きを意識しての言葉だろう。「すてごま」を思わせる。二段目、「車輪の下」「長靴下のピッピ」そして「ほら男爵」は真島の文学趣味のパートで、本来ならばここは立ち止まるべきだが、割愛して先を急ぐ。三段目、「豚の安心」「狼の不安」は、真島の常套句。誰かに隷属して安寧を貪るよりも、飼い慣らされない存在の不安定さを求める、というスタンスは不変だ。ボニー&クライド。そして「時間は止まりはしない」。「変なくだ」をぶちこまれて「気力」が萎えたら、生き延びたくはない、と。これはリヴィング・ウィルの問題で、つまり、それぞれの段落は「俺は俺の死を死にたい」を具体的に説明している、というよりも、その言葉を繋いでいるようにもみえる。「俺は俺の死を死にたい」がすべてなのだ。それほどに「俺は俺の死を死にたい」という一文が強烈だ、ということである。

思い切り、ふりかぶってみよう。

「俺は俺の死を死にたい」は、ちょっと聴くとさらりと聴き流してしまうフレーズだが、じつは二十世紀の「死」をめぐる思想のうち、大切な二つのポイントに触れている。真島が意識したかどうかは問題ではない。この一文はそれほどの破壊力を持っている。

まず「私の死」の固有性の問題である。

私は私の死を経験できない。「俺は俺の死を」「死ぬ」ことが経験的にはできない。私が死んだとき、私は私が死んだなあということを意識することがないからだ。だから、私は私の死を私以外の人間の死から推断するしかない。他人が死ぬことを通じて、私は自分が死ぬことを判断するしかないのだ。

二十世紀を代表するフランスの哲学者エマニュエル・レヴィナスはこう書いている。


死は、哲学と宗教の伝統をつうじてかわらず、無への移行として、あるいは新たな装いのうちに繰り延べられた、もうひとつの生《エグジスタンス》への移行というしかたで解釈されている。死は存在と無の二者択一のもとで考えられているわけである。この二者択一を信じさせているのは私たちの隣人の死なのであって、隣人はじっさい経験的な世界のうちでは現実に存在することをやめている。隣人の死がこの世界で意味しているのは消滅であり、あるいは出発である。

（エマニュエル・レヴィナス『全体性と無限』熊野純彦訳、岩波文庫、下巻一二〇頁）


だが「ともあれ」とレヴィナスは反論する。自分にとって「固有な死」と「私」との関係は、存在しているのか無なのか、という「二者択一」の、「どちらにも参入されないカテゴリーのまえに私を立たせる」のだ、と。この究極の二者択一を拒否することの裡に「私の死の意味が含まれている」というう。

私の死は他者たちの死から類比によって演繹されるものではなく、私がじぶんの存在についていだくこともある怖れのうちに書きこまれている。脅かすものについての「認識」が、〈他者〉の死をめぐる、理性的な経験のいっさいに先だっている。自然主義的なことば使いでこの認識を語るなら、それは死の本能的な認識ということになるだろう。死についての知が、脅威を定義するのではない。死の切迫のうちに、つまり死が近づいてくる、還元しえない運動のうちに脅威が本源的に存するのであって、なおそう表現しうるとすれば、そこで「死についての知」が表明され、はっきりと発言されるのである。怖れによって、死が近づいてくる運動は測られる。脅威の切迫は、未来のさだまった一点から到来するのではない。最期は隠されている（*Ultima latet*）。

（前掲、下巻一二二頁）

「私の死」は、存在から無へ、という移行のなかにあるのではなく、自分が死ぬという怖れのなかに埋め込まれている。どこからやって来るかわからない死が私を捉えれば、そこに「闘争のチャンス」はない。私は「絶対的な暴力」にさらされていて、「闇夜の殺人」に等しい状態のなかにいる。

私は見えないものと闘っているのである。闘争を、その結果を予見し計算することのできる、ふたつの力の衝突と混同してはならない。闘争とはすでに、あるいはいぜんとして戦争なのであって、そこでは対峙するさまざまな力のあいだで超越という間隙が大きく口を開けており、その超越をかいして死が――ひとはそれを迎えいれることもなく――到来し、斬りつけるのである。

（同書、一二三頁、傍点原文）

では、私は単にどこからかやって来る死を手をこまねいて怖れているしかないのか？「私の死」がその怖れのなかに書き込まれているのならば、怖れ続けることが「私の死」、私固有の死なのか。レヴィナスもグルグルと同じところを回る。回っているようにみえる。あたかも「俺は俺の死を死にたい」と幾度も繰り返す真島のように。「私の死」は死への「怖れ」のなかに書き込まれてある、というとき、レヴィナスは不意に、ブルーハーツへ近づいている。存在していたものが息をしなくなって無に移行するのではなく、「死」を怖れる、その感情のなかに「私の死」の固有性があるのならば、それは「怖れ」の感情だけは誰にも譲渡しない、という感情中心主義（と、いま私が勝手に名づけたのだが）である限りにおいて、エマニュエル・レヴィナスとブルーハーツは同じなのだ。「チェルノブイリには行きたくねぇ」を再び想起する。そしてどこからやってくるかまったくわからない圧倒的に優位な「死」に対して、では、いつまでも永遠に「怖れ」だけが固有性を保証しているのか、と言えば、「とはいえ」とレヴィナスは（またしても）小さく切り返す。

　とはいえ、切迫とは脅威であると同時に繰り延べでもある。切迫によって時間が駆りたてられるとともに、時間が残される。時間的に存在するとは、死に向かって存在していることであると同時に、なおも時間を有しており、死に抗して存在していることである。脅迫が切迫しながら私に影響するというしかたで、脅威によって私は問いただされており、そこにまた恐怖の本質がある。

（同書、一二七頁）

レヴィナスの議論は晦渋で、様々な概念がこのあと召喚されるのだが、少なくとも「私の死」の議論の端緒はいまみた通りで、死は切迫であり、同時に「繰り延べ」なのだ。いま、私が生きている時間は、死までの時間のいちばん最初であり、死まで「繰り延べ」られた時間の裡に含まれている。その時間はどれほどの長さを持つものか、わからない。繰り延べの幅がわからないのだ。だから、いまの一瞬に賭ける。そのいまはしかし不確定のなかにしかない。これが「現在」のわからなさであり、「私の死」の不可能性に触れているのだ……。「俺は俺の死を死にたい」の射程は、存外に長い。
ちなみに、真島は別の歌のなかで、「私の死」の「繰り延べ」られた時間について、こんな詩を書いている。

即死（作詞・作曲＝真島昌利）

ああしなさいとか　こうしなさいとか　もううんざりだよ
ああしなきゃとか　こうしなきゃとか　もううんざりだよ
何が正しいか知らない　何が楽しいか知ってる
何が正しいか知らない　何が楽しいか知ってる

そうして僕らは立ってる　生乾きのパンツをはき
居心地悪そうにしてる
ありもしないフツーだとか　ありもしないマトモだとか
まぼろしのイメージのなか

まったくダセーよ

入院したくない　病気で死にたくない
ベッドで死にたくない　即死でたのむぜ
痛いのはゴメンだ　苦しむのはヤダ
一瞬でいくぜ　即死でたのむぜ

即死　即死　即死　即死　即死　即死でたのむぜ
即死　即死　即死　即死　即死　即死でたのむぜ

振り返りたくない　考えたくもない
涙はいらない　即死でたのむぜ
厳かはイヤだ　くだらない方がいい
笑えりゃなおいい　即死でたのむぜ

即死　即死　即死　即死　即死　即死でたのむぜ
即死　即死　即死　即死　即死　即死でたのむぜ

ハイロウズの一九九九年の曲。「ソクシ」という言葉がこれほどの現前性をもって迫って来る詩を、私は他に知らない。

同一性を剝ぎ取られた者の死

「俺は俺の死を死にたい」から導き出される、もうひとつの「死」の思想のポイントを考えてみよう。右、エマニュエル・レヴィナスについて、私は迂闊にも何も説明をせず、引用した。時間を少し戻して、レヴィナスの経歴から――。エマニュエル・レヴィナスは、一九〇六年にリトアニアのカウナスに生まれている。父親は書籍商を営み、裕福な家庭だった。両親ともにユダヤ人。第一世界大戦が始まると、一家はウクライナへ難を逃れ、その地にとどまった。ロシア帝政末期のリトアニアは、政情不安から「ポグロム」(ユダヤ人に対する略奪と暴行)が吹き荒れていたからだ。レヴィナスは、一九二三年にフランスのストラスブールへ留学。三〇年にはパリへ。そして帰化している。三二年にいったん帰郷、結婚する。同年、兵役について准尉となる。三九年、ナチス・ドイツがポーランドに侵攻し、再びヨーロッパは戦火に包まれる。レヴィナスは通訳として軍務についたが、捕虜となり、ドイツに移送される。マルデブルクにあった捕虜収容所に「戦時捕虜」として送られる。妻子は何とか難を逃れたが、故郷のカウナスでは、ほとんどの近親者が虐殺され、ユダヤ人の共同体は殲滅させられていた。このことについて、レヴィナスは生涯いっさい語ることはなかったという(以上、レヴィナスの生涯については岩波文庫の訳者「解説」による)。

その後の哲学者としての歩みは措く。レヴィナスの思考の出発点には、戦争の暴力による大量虐殺がある。先に引用したレヴィナスの主著のひとつ『全体性と無限』には「生き延びた者」という表現が随所に現われる。その「序文」には、戦争をめぐる思索が通奏低音のように響いている。

戦争においては、現実を覆っていたことばとイメージが現実によって引き裂かれてしまい、現実がその裸形の冷酷さにおいて迫ってくることになる。冷酷な現実（これは一個の冗語法とも響く！）として、ものごとの苛酷な教訓として、戦争は、純粋な存在をめぐる純粋な経験というかたちで生起する。しかも、幻想という覆いが燃えあがり、まさに閃光をはなつその瞬間に生起するのである。この閃光の暗い輝きのうちでえがきとられる存在論的なできごとによって、それまではそれぞれの同一性につなぎとめられていたさまざまな存在が、運動のなかに投げこまれる。その存在論的なできごとは、絶対的で孤立したものを、だれも逃れることのできない客観的な秩序によって動員する。そこでは、力の試練こそが現実的なものの試練なのである。とはいえ暴力は、傷つけ無化することにあるのではない。むしろ、人格の連続性を中断させ、そこにじぶんを見出すことがもはや不可能であるような役割をひとびとに演じさせることにある。きずなばかりか、ひとびとのそれぞれに固有な実体をも裏切らせ、行為の可能性のいっさいを破壊してしまうにいたるような行為を遂行させるところに、暴力が存するのである。近代戦であるかぎりすべての戦争は、それを手にするものに跳ねかえるような武器をすでに使用している。戦争はある秩序を創設し、それに対してだれも距離をとることができない。戦争の秩序に対しては、だからなにものも外部的ではありえない。戦争が、外部性や、他なるものとしての他なるものをあきらかにすることはない。

（前掲、上巻一四－一五頁）

「同一性につなぎとめられていたさまざまな存在」が揺さぶられ、同一性を失う。誰が誰、それ、であるという「同一性」を、戦争は壊す。戦争の「客観的な秩序」の裡で再編成するためだ。番号で呼ぶ、など。だが戦争の暴力はそれだけではない。真に恐るべきなのは、「ひとびとのそれぞれに固有の実体」を裏切らせることにある。「殺すのイヤだ」と言った者が容易に「殺す」側へシフトするのだ。そして、「それを手にするものに跳ねかえるような武器」はすでに使用されている。むろん核兵器の意味である。その先を、レヴィナスは書かない。書いていない。無理に書き加えれば、その「武器」によって破壊される者たちも「同一性」を剝ぎ取られる。戦争はあらゆる意味で、同一性を奪うのだ。だから戦争は、「全体性」を志向する……。

そしてブルーハーツを読む私たちは——。

原民喜が広島に投下された原爆を、その直後を描いた小説「夏の花」の最後の場面を、想起しよう。主人公は、妻を捜しまわる。

彼は街の火災が鎮まるのを待ちかねて、まだ熱いアスファルトの上をずんずん進んで行った。そして一番に妻の勤めている女学校へ行った。教室の焼跡には、生徒の骨があり、校長室の跡には校長らしい白骨があった。が、Nの妻らしいものは遂に見出せなかった。彼は大急ぎで自宅の方へ引返してみた。そこは宇品《うじな》の近くで家が崩れただけで火災は免がれていた。が、そこにも妻の姿は見つからなかった。それから今度は自宅から女学校へ通じる道に斃れている死体を一つ一つ調べてみた。大概の死体が打伏《うつぶ》せになっているので、それを抱き起しては首実検するのであったが、どの女もどの女も変りはてた相をしていたが、しかし彼の妻ではなかった。しまいには方角違いの処まで、ふらふらと見て廻った。水槽の中に折重なって漬っている十あまりの死体もあった。河岸に懸《かか》っている梯子《はしご》に手をかけながら、その儘硬直している三つの死骸があった。バスを待つ行列の死骸は立ったまま、前の人の肩に爪を立てて死んでいた。郡部から家屋疎開の勤労奉仕に動員されて、全滅している群も見た。西練兵場の物凄さといったらなかった。そこは兵隊の死の山であった。しかし、どこにも妻の死骸はなかった。

Nはいたるところの収容所を訪ね廻って、重傷者の顔を覗《のぞ》き込《こ》んだ。その顔も悲惨のきわみではあったが、彼の妻の顔ではなかった。そうして、三日三晩、死体と火傷患者をうんざりするほど見てすごした挙句《あげく》、Nは最後にまた妻の勤め先である女学校の焼跡を訪れた。

（原民喜「夏の花」、『セレクション戦争と文学1　ヒロシマ・ナガサキ』所収、集英社文庫、二〇一九年、三〇一－三一一頁）

こうして小説は不意に終わる。主人公が彼の妻の同、一、性を確認するよ、す、がとしているものが「顔」であることには十分な注意を払いたい。レヴィナスが他のどの哲学者よりも「顔」について思考した哲学者であったことも忘れずにいよう。だが、ついに妻は見つからない。妻の「顔」が見つからないからだ。本当に見つからなかったのか？　小説にはそう書いてある。顔は同一性の決め手になったのか。顔そのものがなくなっている可能性は？　様々な読後感が残る。はっきりしていることはひとつ。妻はいなかった。「顔」を介しては、彼の妻の同一性は確認できなかった、ということだ。同一性は失われている。その根拠さえないのだ。真島のざらざらした声が響く。「俺は俺の死を死にたい」。この詩句については、俺の死とは何か、俺は俺の死を死ぬことは可能か、「私の死」とはどういうことか、という主体の側の問いの傍らに、「私の死」を剝ぎ取られて殺された無数の人々、戦争や「民族浄化」や「民族紛争」や内戦や独立戦争やその他無数の大量殺戮によって、命を落とした人々の、「顔」のない人々の、二十世紀という大量殺戮の時代に自分の死を死ねなかった人々の、固有性を失った死が書き込まれている。そう、原民喜の小説は、ブルーハーツにとって、じつは最も親しい小説のはずだったのだ。もう一度だけ、「1985」の詩を思い起こそう。部分を引用する。

1985　国籍不明の
1985　飛行機が飛んだ
風を砕くのは銀色のボディー
謎のイニシャルは誰かの名前
僕達がまだ生まれてなかった
40年前戦争に負けた
そしてこの島は歴史に残った
放射能に汚染された島

1985　求めちゃいけない
1985　甘い口づけは
黒い雨が降る死にかけた街で
何をかけようかジュークボックスで

１９８５　今、この空は
神様も住めない　そして
海まで　山分けにするのか
誰がつくった物でもないのに

活動休止

もう一度、ブルーハーツの時代に戻ろう。一九九四年。六月十八日と十九日に「凸凹ＴＯＵＲ」のアンコール特別公演、「凸ＮＩＧＨＴ」「凹ＮＩＧＨＴ」。日比谷野外音楽堂だ。二日目は豪雨。涙雨か。甲本はゴム製の水泳キャップにゴーグルのいでたち。「風邪ひかんようにな」と観客に向け、何度も繰り返している。最前線で彼らを撮影していたカメラマンは、甲本が泣きながら歌っている姿をみて、違和感を覚えた、という。「つぎいつ会えるかもわからんけど」という甲本の声が少しかすれて聞こえる。たぶん私たちがブルーハーツの歴史を通過してきたからそう聴こえるのだろう……。ブルーハーツとしての活動は、このあと、幾つかのフェスに姿を見せた以外、ない。ひとつだけ挙げるなら、八月十三日の「あんずの里ロックフェスティバル」か。長野県で開かれたこの小さなフェスに、ブルーハーツはファンクラブの「ブルーハーツ集団」を招いてバスツアーを行っている。徐々にフェイドアウトしていこうと決めていたブルーハーツのメンバーからのささやかな恩返しだったのかもしれない。最後まで「バス」はバンドにとって重要なアイテムだったのだ。

以降、ブルーハーツは完全な休止状態となる。前掲の高山文彦による甲本へのインタビューでは、このあたりの事情は次のように描かれる。

毎年40カ所以上のツアーをつづけて10年、ブルーハーツの活動は終息をむかえた。ドラムの梶原徹也は、ヒロトがブルーハーツについてつぎのように話したことを鮮明におぼえている。

「ヒロトは自分をふくめたメンバー4人をさして、こう言ったんです。ブルーハーツというバンドがあるけれども、この4人はブルーハーツじゃないんだよ。CDかけて音が流れてきても、それもブルーハーツじゃないんだよ。ブルーハーツは生で演奏している、その状態を言うんだ……。僕らはライブというものを、すごく信じてたんですよ」

その梶原は、まさかブルーハーツが解散するとはおもってもいなかった。昨年〔一九九四年〕六月、凸凹ツアーの終わりのころにホテルの部屋に突然ヒロトがやって来て「とりあえずバンド活動を休止したい」と告げたときも、そのことばのままに受けとめていた。

関係者によれば、ベースの河口純之助が新興宗教の「幸福の科学」に入信し、スタッフやファンにまで教祖の大川隆法の本を配付していたという事実がある。信者獲得は新興宗教にとって大事な修行の一環だから、ブルーハーツは彼にとって布教活動の重要なメディアに変化していったともいえる。河口が話す内容がしだいに「幸福の科学」の色を濃くしてくると、ヒロトや真島が反発する場面もあった。

「それはきっかけのひとつにはなったかもしれないけれども、ほんとの解散の理由はそんなもんじゃない」

とヒロトは言う。窮屈さを感じてきたのが、最大の理由なのだ……と。

「ブルーハーツなんだからこうしなければ、といつまにか考えるようになってたんです。でも、べつにバンドが解散するっていうのは、そんなにたいしたことじゃないんだよ。たとえば手塚治虫さんが『鉄腕アトム』を描きはじめて、それが世の中に認知されて、死ぬまで『鉄腕アトム』しか描かない漫画家だったとしたら、そんなに好きになれなかったかもしれない。『鉄腕アトム』を10年間連載しました。つぎに『ブラック・ジャック』描いたっていいじゃんみたいな……」

〔中略〕

メンバーひとりずつに、「休止しよう」と告げたとき、いちばん素直に理解をしめしたのは、真島昌利だった。真島もまた新しいチャレンジをしようと、こころに秘めていた。「休止」が「解散」へとなだれこんだのは自然の流れで、この先10年たってまたブルーハーツをはじめるかもしれないが、10年やらないのだったら解散とおなじではないか、という方向へと話は向かっていった。

このまま自然に消滅していこうと4人は考えていたが、ツアーが終わってレコード会社に話をすると、あと1枚アルバムを出さなければならない契約が残っているという。そこで生まれたのが『PAN』だった。4人それぞれ3曲ずつつくり、ばらばらにスタジオにはいって、独自にレコーディングをおこなった。最後のアルバムは「ブルーハーツ」という〝作品〟からはかけ離れている。解散コンサートもしてない。

「最後の凸凹ツアーは、この10年のなかで最高に楽しい作業だったの。それじゃ、つぎになにをやればいいの？　やるとしたら、その楽しさを再現する作業になってしまう。それは全然クリエイティブじゃないし、なにかを守りつづけていくという作業にこれから先なっていくとおもったときに、やめたくなった。守るものをもってしまうということが、僕は嫌い」

（前掲『Views』一九九五年十一月号、一三二－一三三頁）

通算八枚目のアルバム『PAN』については、次の章で語ることにしたい。様々な資料にあたったが、一九九四年の夏頃にはすでに事実上、解散は決まっていた、という以外、私にわかることはない。甲本の言葉の通り、「凸凹TOUR」は楽しそうだな、とか、バンドの寿命ということも考えたりもする……そうだ、甲本は右のインタビューにある通り、手塚治虫を例に引きながらバンドの「解散」を幾度も説明しているのだが、石ノ森章太郎の例がもっともわかりやすい。

例えば、俺が石森章太郎で、仮面ライダーを描いてるとするよね。最初、仮面ライダーを考えて、ショッカー考えて、ショッカーの組織とかあのマークとか、考えて「うわぁ、出来た‼」って思った時のあの燃え方と、それから毎回いろんな怪人出してって、最初は「おぉ！　クモ男、さらし何とか、コウモリ男！」とか、すげぇ楽しいと思うんだけどそれも20コ位作ってくと、何かもう怪人ばっかり次から次へ出していくことに飽きてくんじゃねぇの？　最初は全てを作る喜びじゃん。そっからは、ショッカーもいておやっさんもいて山本リンダもいて（笑）その中に怪人という、毎回出てくるものをとっかえひっかえ、〝何とか登場、何とか登場〟っていう風に出していく以外に楽しみが無くなってくる訳で、それはある時期絶対飽きてくると思う。

（『THE BLUE PARTS』一九九五年七・九・十一月合併号、ブルーハーツ集団）

ファンクラブ「ブルーハーツ集団」が発行していた会報の最終号で、甲本はこう語っている。バンドの初期衝動は、ショッカーの組織化と同根なのだった……。

一九九四年はどんな年だったか。簡単に振り返ると、二月に当時の細川護熙首相が消費税を廃止し、「国民福祉税」を導入すると発表するが、翌日、白紙撤回。三月にはボスニア紛争が、連邦化で合意している。政治改革関連法案が国会で審議され可決。衆院への小選挙区比例代表制が導入される。四月、高速増殖炉「もんじゅ」が臨界事故を起こす。細川首相、辞意を表明。ルワンダで内戦が勃発。羽田内閣が成立する。六月、北朝鮮が国際原子力機関（IAEA）からの脱退を表明する。松本サリン事件。羽田内閣総辞職をうけ、村山富市内閣が成立。九月、関西国際空港が開港している。

実質的なラスト・アルバムとなった『DUG OUT』から一曲、詩として忘れがたい言葉を最後に引用する。

夜の盗賊団（作詞・作曲＝真島昌利）

プラネタリウムみたいな　満天の星空の下
レンタカーで走りながら　流れ星をたくさん見たよ
今夜　多分雨は大丈夫だろう
今夜　5月の風のビールを飲みにいこう
防砂林の向こう側　花火が闇を照らしだす

カーラジオがしゃべっている　低気圧がでしゃばっている
今夜　多分雨は大丈夫だろう
今夜　5月の風のビールを飲みにいこう

とりたての免許で　僕等は笑ってる
夜の盗賊団　たくさん秘密を分け合おう

夜光虫が光ってる　可能性は輝いてる
誰かが忘れて帰った　サンオイルがこぼれている

今夜　多分雨は大丈夫だろう
今夜　5月の風のビールを飲みにいこう

曲調も歌詞も違うけれど、RCサクセションの「トランジスタ・ラジオ」を思わせる、と、どこかの雑誌に誰かが書いていた。私も同じ感想を持った。ラジオからの連想かもしれない。そして、この歌を聴いてビールを飲みたくならない人間はいないのではないか。た
くさん秘密を分け合いながら、ブルーハーツは解散する。

第8章　神様について

一九九五年六月一日、NHK FMの番組「ミュージック・スクエア」のオンエア。ブルーハーツの四人が出演している。いつものように、ワイワイ、ガヤガヤ。そしてダラダラ。番組最後、女性のMCが、「今後の予定は？」と何気なく訊ねる。甲本が「解散ぐらいかなぁ」と答える。特に気負った感じもない。いつも通り。女性は「そんなこと言わないでくださいよ」と最初は笑って本気にしないが、空気は明らかに変わっている。「決まっていることって、ないよね。ブルーハーツの予定はないです」と甲本。「具体的にはね、解散ですね」、これは真島。「ホントなんだよ」と甲本が畳みかける。「ホントに解散なんですか？」　ようやくMCの声に驚きの色が混じる。「いつ？」と訊ねると、「今日」と甲本が返す。

＊

ブルーハーツが解散した一九九五年という年についてどう語ればいいのだろう。この年ほど心がざわついた一年はなかったような気がする。一月一日の『読売新聞』に、山梨県の上九一色村にあるオウム真理教の施設で、猛毒の「サリン」が発見された、との報道がある。十七日、阪神淡路大震災が発生。六千人を超える死者と行方不明者を出す。三月、オウム真理教による地下鉄サリン事件が発生。十三人が死亡、五千人以上の重軽傷者。警視庁は同月、オウム真理教の全施設の強制捜査を開始する。四月、一ドル、七十九円七十五銭を記録（一九四七年以後、最高値）。この月はオウム真理教の教団幹部が次々と逮捕されている。五月、オウム真理教の教祖、麻原彰晃こと松本智津夫、逮捕。六月、函館行き全日空機がハイジャックされる。七月、第十七回参議院議員選挙。八王子スーパー強盗殺人事件。八月、村山改造内閣発足、村山談話発表。九月、オウム真理教による坂本堤弁護士一家殺人事件で、遺体が発見される。十月、沖縄宜野湾市で、沖縄米兵少女暴行事件に抗議する県民総決起大会が開催。東京地裁、オウム真理教に解散命令。十一月、ゆりかもめ開業。野茂英雄、ナショナルリーグ新人王。ウィンドウズ95、発売。十二月、高速増殖炉「もんじゅ」、ナトリウム漏洩事故。東京高裁が、オウム真理教の解散を命じた東京地裁の決定を支持、解散が決定する。

特に意識して抜き出したわけではないが、ほぼ毎月、オウム真理教の犯罪行為が明らかになる事件が継続して起っている。阪神・淡路大震災と、オウム真理教とが社会に大きな影を落としていたことは、誰がこの年を振り返っても事実であろう。

ならば、やはりブルーハーツの最期に多少とも関わりのある二つの新興宗教について先に語っておかなくてはならない。ベースの河口純之助が幸福の科学に入信し、徐々にその教義に沿った発言が増えてきたことによって、バンド内にそれまでとは別の空気が流れ始めていたことは、すでに前の章で述べた通り。河口は自分が正会員となった教団・幸福の科学について、幾度か、複数の媒体で語っている。「信仰告白」と河口自身が語る内容を、要約すれば次のようなものだろうか。

自分がバンドをやってきた十年の間で、ずいぶん成長したとは思うけれども、大川隆法の『太陽の法』に触れたことはショックだった。音楽を超えていた。これまでロックスターが憧れの人だったが、それを超えた存在に出会った。世界でいちばんカッコいい存在は、お釈迦様やキリストや孟子や孔子、様々いると思う。音楽家はそれらの存在に対して曲を捧げているのであり、ならば自分は、音楽をやっている人間を信仰するのではなく、神を信仰しよう、と思った。だんだんとロックよりも宗教世界に関心を持つようになったし、ロックを客観的にみれるようになった……。

前掲した「ブルーハーツ集団」の会報の最終号(前掲、一九九五年七・九・十一月合併号)に掲載された長いインタビューから、信仰の部分だけ取り出してみた。唯物論を敵視する考えなど、踏み込んだ部分もあるが、ここでは割愛する。個人的な感想はない。私にとって気になるのは、このような信仰心がどのように曲として表出しているか、である。その点は後述する。

同じインタビューのなかで、河口はこの年社会問題化していたオウム真理教を厳しく批判している。サリンを地下鉄に撒いた「犯罪者」を教団はどう考えているのか、と。じつは、「ブルーハーツ集団」の中心メンバーだった女性(以下、彼女の現在がわからないため「K」と表記する)は、前年(一九九四年)十一月、オウム真理教に「出家」するべく、ファンクラブの仕事を辞める旨を周りに伝えている。会報に直筆の別れの手紙をしたためている(なぜ辞めるかの理由は明記されていない)。雑誌『クイック・ジャパン』(Vol. 4、太田出版、一九九五年十月)に掲載されたKの長いインタビューを読むと、彼女が「ブルーハーツ集団」で活動していたとき、すでにオウム真理教には入信しており、「出家」するから「ブルーハーツ集団」の仕事を辞めたこと、その事実を聞いた河口とは幾度か接触があったこと、などが語られている。どのように読んでも、巷説にあるが如き、Kがオウム真理教に「入信」したことがブルーハーツ解散の理由のひとつ、とは思えない（そもそも「入信」と「出家」は違う）。ここは峻別されて然るべきと思う。

Kの言葉のなかで、私がこれまで書いてきたことと関係していると思える箇所が幾つかある。なかでも「ドブネズミ」に関連する部分は特に重要だと思うので、要旨だけでも紹介しておく。

世の中は不思議なことでいっぱいだ。善悪の基準が人によって異なる。犬が道端で「うんち」をし「ネズミやゴキブリ」が家のなかを闊歩していることが本当に悪いことなのか？　人間がゴキブリを殺す気持ちと、「戦争で他人を殺す気持ち」は「同じ心の動き」だと口にすると、話を聞いていた相手から「え〜っ！」と言われる。どんなに貧富の差があろうと、差別されていようと、「生まれたら死ぬ」という条件において、すべての存在は平等だ。「ドブネズミ」は「リンダリンダ」で救われたけれど、「ゴキブリ」は悪者のまま。私は「ゴキブリ」みたいに美しくなりたい。ブルーハーツの歌に込められたメッセージを自分の生活のなかに取り込んで、いかに発展させていくかが重要で、それは聴く側の「意識のレベル」の問題である……。要旨は以上だ。

これまで十分に書いてきたように、私は「リンダリンダ」によって、ドブネズミとともにゴキブリも「救われた」と思っている点、Kとは意見が異なる。あるいはすべての生物に平等に権利を与えてゆけば、最終的に「権利」という概念が消失するのでは、という反論も浮かぶけれど、ここでは措く。教養との関連はわからないが、彼女がブルーハーツおよびドブネズミを通じて理解していることは、特段、異常でも何でもない。ただそれを検討することは明らかに逸脱行為であり、本論の仕事ではない。私たちがここで確認する最低限のことは、ブルーハーツの詩のなかで、宗教観の違い——もっとベタな言い方をすれば、神様はどう異なって表現されているか、である。

それにはまず、ブルーハーツにとって八枚目の、そして最後のアルバムとなった『PAN』（一九九五年）の内容を考えなければならない。

＊

『PAN』は四人がバラバラにスタジオに入り、録音するという徹底した非バンド的アルバム。全部で十三曲よりなる。①「ドラマーズ・セッション」（梶原共作によるインストゥルメンタル）、②「ヒューストン・ブルース（月面の狼）」（甲本）、③「もどっておくれよ」（真島）、④「ボインキラー」（甲本）、⑤「花になったかまきり」（梶原）、⑥「バイバイBaby」（真島）、⑦「歩く花」（甲本）、⑧「休日」（真島）、⑨「トバゴの夢（キチナーに捧げる）」（梶原）、⑩「幸福の生産者」（河口）、⑪「Good Friend（愛の味方）」（河口）、⑫「ひとときの夢」（河口）、⑬「ありがとさん」（河口）。

これまであまり触れる機会のなかったことから書けば、梶原の、ドラマーとしてのアプローチがカリプソに近寄っていったこと。⑨が特にそう。スティール・パンの音の心地よさ！　トリニダード・トバゴへの旅もこの曲の背後にある。②④⑦は、甲本がブルーハーツ休止中に三宅伸治・藤井裕・松本照夫らと結成したバンド、ヒューストンズによる音源。ヒューストンズはシングルを発売しなかったため、『PAN』に収められた音源は貴重だろう。真島は、③でオーケストラをバックに歌ったり、

⑧でビートルズのような音作りを披露したり、いたってマイペースに聴こえる。そして、河口の担当したラストの四曲は、彼の当時の精神状態をかなりクリアに反映した詩になっている。一曲の、部分を引用する。

幸福の生産者（作詞・作曲＝河口純之助）

Right Right Right Right Mind
Right Right Right Right Mind

世界中の心に　今も輝いてる
誰もが皆憧れてる　幸福の生産者

与えゆく愛には　見返りはいらない
与える事をはじめたら　はじめた時よりずっと
増え続けてゆくんだ　けして減らないのさ

奪い合うものには後に　悲しみが待ち受けている
取り戻そう叡智を　この世に神の夢
遙か彼方に超える夢（念いに）

涙は溢れてきた
心という言葉から　どれだけたくさんの意味を
探し出してゆけるのか　本当の出発だ
遙か彼方に超える愛（心に）
涙は溢れてきた

ずっとブルーハーツの詩に親しんできた者にとって、右の詩に違和感があるとすれば、それは「神」が無媒介に崇拝の対象となっているからである。いわば、垂直性の神が歌を領している。「幸福の実現者」に現実の教団名からの連想が働く云々といったことは、じつは小さなことである（あまりに露骨ではある）。右の詩の「神」という単語が表象しているのが、絶対的な存在であること、それこそが大問題だと思う。正直に書けば、右の詩のなかの「神の夢」という単語を聴いたとき、私は耳を疑った。この本の冒頭、序文に引用したレナード・コーエンの言葉をもう一度、思い起こしてほしい。絶対的なるものの存在に名前を与えること、それ自体が、少なくとも歌のなかでは禁じられている、と彼は言う。だからこそ、もしそれに向けて言葉を紡ぐとすれば、様々な修辞や比喩が必要なのだ。名前を与えることは、その存在によって自分が支配されることを意味する。自分の主人としてその存在を崇めることになるのだ。

反論は当然、予想される。

甲本や真島の書いたブルーハーツの歌のなかでもたびたび「神」や「神様」は登場してきたではな

いか？　と。むしろ「神様」の数は、他のバンドを凌ぐのではないか、ボブ・ディランほどではないにしろ……。

なるほど、そうかもしれない。単純な数だけで言えば。だが、ブルーハーツの「神様」は自分を支配する神ではない。垂直性の神ではなく、いわば水平性の神様として詩のなかにある。

シャララ（作詞・作曲＝甲本ヒロト）

大変だ！　真実がイカサマと手を組んだ
誰か僕に約束の守りかた教えてよ

ヘリコプターに驚いた　お天気の神様が
「さようなら」も言わないで　黒い雨　降らせてる

シャララ…　シャララ…

見上げてごらん　風に乗った女神様
誕生日もわからない　白髪のおばあさん

ちからコブもつくれない　あなたのちからでは

プロレスラーも倒せない　世界平和　守れない
あー　奇跡を待つか　あー　叫ぶのか　叫ぶのか
あー　すべての罪は　あー　みんなで分けましょう
みんなで分けましょう

シャララ…　シャララ…

一九八八年に、「チェルノブイリ」「ブルーハーツのテーマ」と併せて、三曲入りシングルとして発売された曲。この詩に現われる「女神様」の、何と頼りないことか！「風に乗った」白髪の女神様は、年齢不詳の、というよりも年齢を重ねすぎて（あえて言うが）よぼよぼのおばあさんなのである。だから年齢のせいか、力も弱く、「世界平和」どころか、「プロレスラー」も倒せない、と形容される。だからこそ「罪」は分有されなければならない、と続く……。神様の姿かたちが人間の言葉で形容される以上、摑まえようとしても摑まえることのできない、とても到達できない超越性など、そこに一片もない。いわゆる神的なもの、絶対的なものは、消極的に否定されている。

こうした神様ならば、ブルーハーツの詩では枚挙にいとまがない。

もうひとつだけ挙げようか。

君のため（作詞・作曲＝真島昌利）

もう泣かないで　月がとてもきれい
こんな素敵な夜なのに　涙なんていらない
もう抱きしめて　二度と離しはしない
たとえ地球が砕けても　金がなくても

すがりつく　腕が欲しいなら
僕のこの腕で　そうして欲しいずっと　Baby Baby

ああ君のため　僕がしてあげられることは
それぐらいしか　今はできないけれど

「好きです　誰よりも　何よりも
大好きです　ごめんなさい
神様よりも　好きです」

頬うずめる　肩が欲しいなら
僕のこの肩で　そうして欲しいずっと　Baby Baby

ああ君のため　僕がしてあげられることは
それぐらいしか　今はできないけれど

記念すべきファースト・アルバムに入っているバラードだが、聴く度に恥ずかしくなるのは私だけではないだろう。それは詩のなかで「好きです　誰よりも〜」の箇所が語りになっているからだ。まるで加山雄三のような（という比喩は本当に成り立っているのかどうか）、「君といつまでも」の如き、恥ずかしい愛の告白なのである。ただし、甲本の朴訥とした語りで、この「語り」の部分が演じられるからこそ、私たちはまだしもこの語りを何とか従順に聴くことができる。甲本の非凡な能力、としか言いようがない。

このとき「神様」は「好き」という感情の比較対象でしかない。「神様」よりも「君」のほうが好き、と書けば身も蓋もないが、それを語りにして、しかもバラードの途中で話すように歌う場面で、「君」よりも下位に置かれた「神様」は、絶対性などまとえるはずもない。しかも、甲本はこの歌を歌うとき、しばしば下半身を開放している。それが神への冒瀆でなければ、いったい何を冒瀆と呼ぼうか？　たしか最後のライヴ、一九九四年六月の日比谷野音で、この歌を歌ったとき、降りしきる雨のなか、甲本は「神様」のところを、「宮沢りえちゃん」に換えて歌っている。写真集『サンタフェ』（一九九一年）以後、人気絶頂にあった宮沢りえと置換可能な「神様」は、ときに詩のなかでもその存在理由を失い、詩からも消えるほどの希薄な存在感しか示せていないのだった……。

つまり甲本の歌う「神様」は、霊的存在でもなければ、天空のさらに上にいて、私たちの崇敬を集めるポジションにもいない。水平性の、私たちと同じ平面にいるものの名前なのだ。
だからこそ、ブルーハーツの「神様」は、河口のもたらした「神様」と衝突せざるを得なかった。志向性が違う。甲本は、『PAN』に収めた自身の曲「ヒューストン・ブルース」でこう歌っている。

天国なんかに　行きたくねえ
天国なんかに　行きたくねえ
ただ月面を散歩したい

天国なんかに　行きたくねえ
天国なんかに　行きたくねえ
月面の狼

神様なんかに　あいたくねえ
神様なんかに　あいたくねえ
月面で吠える　狼

生まれ変わったら　ノミがいい
生まれ変われるなら　ノミにしてくれ
もっと広々暮らしたいぜ

「神様」との出会いを拒否する姿勢は、神様の垂直性と相容れない。二つの方向性の違う「神様」がぶつかったとき、バンドは壊れた。少なくとも詩のうえでは、そう読むことができる。だが、それはあくまでも詩を解釈するうえでのこと。本当のところはむろん私にはわからない。わかりたいとも思っていない。誰に尋ねてもたぶんわからないことだろう、もういまとなっては。

＊

だから、というわけではないが、そろそろこの本を閉めるに際して、妄想を書き加えてみたいという気持ちを私は抑えることができずにいる。ブルーハーツの最期が、そのときの状態が誰にもわからないのならば、最後は、私の根拠のない推測をひとつだけ、書いてみたい。

ジョン・レノンに「ゴッド」という曲がある。ビートルズ解散ののち、ジョンが初めてリリースした自身のアルバム『ジョンの魂』（一九七〇年）にはいっている。

大意は次の通りだ。

神は概念にすぎない。じゃ、何のための概念かって？　人間の苦痛を測るため、さ。だから俺は神を信じないんだ。抽象的な神だけじゃない。俺は魔法も聖書もヒトラーもキリストも仏陀も信じない。ヨガだってボブ・ディランだって信じちゃいない。ああそうだ、ビートルズも信じない。俺は生まれ変わった。夢は終わったから。俺は俺しか信じない。かつて俺はセイウチだったけど、いまからはジョン・レノンだ……。

ジョンが「信じない」のは、すべての偶像であり、崇敬の対象である。自分しか信じない。そうすることで生まれ変わるんだ。彼はそう書いている。詩のなかの「ビートルズ」のところに、私は「ブルーハーツ」を代補してみたい誘惑を拒めずにいる。自分たちも含め、あらゆる崇敬を拒むことで、ブルーハーツは動いてきた。ドブネズミの存在を敵視せず、その美しさにうたれ、人殺しや銀行強盗やチンピラたちの声に耳を傾け、ナイフを持って立っている少年の心を掴み、列車を希望色に塗り変え、情熱の薔薇の挿してある花瓶に水をやり、蛇になり、魚になり、犬や猫と一緒に寄り道をして、すべてのクズどものために終わらない歌を歌い、防砂林の向こうに輝く花火を見上げながら、戦闘機が買えるくらいのはした金なら要らない、と、首つり台でうそぶいてきた。だから、空から降ってくる崇高な声なんか、必要ない。声ならば、最後まで、見捨てられた裏通りから、大声で歌うのだ。そして私たちはその声をたしかに聴いたのだ。

見捨てられた裏通りから
世界中にむけて大切な
メッセージが届くのを
君たちは見るだろう

鉄砲も兵隊も
政治家さえもいらないよ
君たちが望むのは

自由だけでいいよ
たった一つの小さな夢
追いかける若者がいて
たった一つのその命を
燃やし続けている
燃やし続けている

（「ブルーハーツより愛をこめて」 作詞・作曲＝甲本ヒロト）

あとがき

この本のなかで、私はひたすらブルーハーツの詩を読んでいる。そのこと以外、何もしていない。彼らの詩を「作品」として解釈している。それは、三島由紀夫や中上健次や、永山則夫の作品を読んで解釈することと同じだ。いや、小説家ばかりを挙げるのは問題だな。中原中也や伊東静雄や、入沢康夫の詩作品を解釈することと同じである。勝手に読んでいるにすぎない。持てる技術のすべてを使って読んでみたつもりだが、読者がどう判断するか、皆目わからない。

読解のプロセスで、ひとつだけ、はっきりしたことがある。

ブルーハーツの詩は、どこを切り出しても、人を見下したり、バカにしたりする言葉がいっさいない、ということだ。こちらの読解は、あっちに踏み迷い、こっちでグルグル回り、胡乱なこと、この上ないが、真島や甲本の詩には、強い押しつけがなく、自身を省みたうえで、言葉を放っている。自分の感情に正直で、他者を差別することがない。当たり前のように思うかもしれないが、これは奇蹟的なことだ。いろんな意味でこじれる前の感情を取り出しているから、そこに捻れや屈折はあるけれど、媚びたり斜に構えたりしていない。そこがほんとうに素晴らしいと思う。私などが「素晴らしい」などと言わなくても、ブルーハーツを聴いて育った人たちはみんなとっくに知っていることだろう。

この本みたいな「モノグラフ」を書くと、必ず言われることがある。それは、ブルーハーツのメンバーには何度も会って話をしたんですか？　というものだ。半ば羨ましそうに。半ば当然のように。断っておくが、ブルーハーツはもう存在しない。

ブルーハーツを構成していたメンバーはみな生きているけれど、ブルーハーツはない。ブルーハーツが意志してバンドを解散した以上、連絡して、いったい何をどうする？　という気持ちだ。たとえばメンバーの誰かがいなくなってそのバンドが消滅したのならば話は別だし、いま現在もブルーハーツとして活動しているならば会いに行けばいい。だが、ブルーハーツは違う。彼ら自身が封印したのだ。だから、どうしても訊ねてみたいことがあっても、メンバーに連絡を試みなかった。太宰治に電話をかけないのと同じだ。そもそも連絡先を知らない。連絡してもたぶん会ってもらえなかったと思う。友だちじゃないし、知り合いでもない。音を聴いたり画像を観たりして親しみを感じる瞬間はたくさんあるけれど、それは私の勝手な感情にすぎない。

どうして、ブルーハーツの本を書こうと思ったのか。到着地がわからないまま、私は本を書き始めた。彼らの声を二〇二〇年にもなってどうして召喚したかったのか、彼らの詩をいまの、この現在に連れて来ることで、何がみえるのか、わかっていなかった。いまなら少しはわかる。一言で言うと……彼らの音楽を必要としている人が、いまもなおこの島にはいるんじゃないか、と思ったからだ。八〇年代のバブル期の価値観は、とにかく一色だった。経済がすべての価値を決めていた。じっさいはそうじゃなかったのかもしれないが、そう思わせてしまうカラクリがそこら中に張りめぐらされていた。ブルーハーツが始まった八五年からメジャーデビューする八七年までの二年間は、個人的にも最もつらい時期だったことを苦く思い出す。ただし、いまのほうが楽だと思うのはこちらが年をとってしまったからで、苦しんでいる人は三十年前と変わらず、たくさんいるはず。必要としている人たちにブルーハーツの音楽が届けばいいなあと思う。この本が、そのための助けになるかどうか自信はない。でも届くといいな、とは思っている。音楽と出逢う、ということはある。その音楽に出逢ってしまうことで、人生が確実に変化する——そんな音楽は絶対にある。それはブルーハーツじゃないかもしれない。ブルーハーツかもしれない。どっちでもいい。でも、そんな音楽に出逢えれば、幸せだ。そして、出逢ったことを感謝したくなるような音楽が、ブルーハーツだ。

この本を書いている間、八枚のアルバムとベスト盤をずっと聴いていた。朝からノンストップだと、二周くらいできる。それを一ヵ月半、毎日、繰り返した。書いているときだけではない。外をジョギングするときも、食料の買出しのときも、ずっと聴いている。コロナ禍だったから、基本、家で聴く。これだけ聴くと、軽く頭を振っただけで、音楽が自動で再生できるようになる。ヒロトやマーシーの声が頭のなかにずっと響いていて、なかなか出ていかない。これはこれで稀有な経験なのかもしれない。

「あとがき」の最後に感謝の言葉を述べる、暗黙の制度のようなものをしばらく前からやめているのだが、今回は例外的に。ブルーハーツに関する膨大な資料群のなかから、私の論に見合った資料を適切に選んで、送ってくれた丹野未雪さんに。装丁の倉茂透さん、組版の大友哲郎さん、そしてカヴァーの写真を提供してくれた河西遼さんに。河西さんの撮った渋谷ハチ公口やセンター街のドブネズミたちの写真に、本来は写らないはずの美しさが写っていることを祈って。本当にありがとうございました。

ブルーハーツ結成三十五周年の秋に

陣野俊史

陣野俊史（じんの・としふみ）
一九六一年、長崎市生まれ。文芸批評家、作家、フランス語圏文学研究者。現在、立教大学大学院特任教授。主な著書に『じゃがたら』、『渋さ知らズ』、『フランス暴動』、『戦争へ、文学へ　「その後」の戦争小説論』、『サッカーと人種差別』、『テロルの伝説　桐山襲烈伝』、『泥海』など。

ザ・ブルーハーツ
ドブネズミの伝説

二〇二〇年一〇月二〇日　初版印刷
二〇二〇年一〇月三〇日　初版発行

著　者　陣野俊史
発行者　小野寺優
発行所　株式会社河出書房新社
〒一五一-〇〇五一
東京都渋谷区千駄ヶ谷二-三二-二
電話　〇三-三四〇四-一二〇一（営業）
〇三-三四〇四-八六一一（編集）
http://www.kawade.co.jp/

装　丁　倉茂透
写　真　河西遼
組　版　大友哲郎
印刷・製本　三松堂株式会社

Printed in Japan　ISBN978-4-309-29094-2
JASRAC　出　2007836-01

テロルの伝説　桐山襲烈伝

陣野俊史

蜂起と絶望の伝説を鮮烈な文学に昇華した作品を書きつぎ、
孤独に戦い続けた幻の作家を甦らせる渾身の書き下ろし評伝。

泥海

陣野俊史

わたしはテロリスト。わたしは、光の兵士の妹——フランス・パリ・11区を舞台にこの世界を問い直す小説デビュー作！